GABRIELE GUGETZER

Quickfinder
Resteküche

Der schnellste Weg vom Rest zum Rezept

Willkommen in der neuen Koch-Klasse!

Kennen Sie das auch? Sie möchten auf die Schnelle etwas Leckeres kochen, für sich, für Ihre Familie, für ein paar Freunde. Aber Sie waren dafür nicht extra einkaufen, denn der Kühlschrank ist ja gefüllt. Erwartungsvoll öffnen Sie die Kühlschranktür, doch es macht gar nicht »Klick!«. Sie sehen nur eine Handvoll kalte Nudeln ohne Sauce. Drei Möhren. Ein Stück Reibekäse. Einen halben Becher Sahne und ein Stück weiße Schokolade. Eine Scheibe Schweinebraten ist noch vom Sonntag übrig, jemand hat den Joghurt nicht aufgegessen, im Gemüsefach liegen ein paar Kräuter. Ganz hinten in der Tiefkühltruhe hat sich eine Tüte mit Beeren vom letzten Sommer versteckt.

Und Sie können sich nicht vorstellen, dass sich daraus etwas Feines kochen lässt?

Nun, deshalb halten Sie dieses Buch in der Hand. Beim Blättern werden Sie schnell auf die tollsten Ideen kommen. Werden aus kalten Nudeln, Möhren, Reibekäse und Brühe ein schnelles Süppchen mit Pastaeinlage zaubern, und aus dem Rest vom Schweinebraten mit Joghurt oder saurer Sahne, Kräutern und viel frischem Pfeffer lässt sich ein warmes Ruckzuck-Sandwich zubereiten. Wie köstlich Beeren mit einem Klecks Sahne und flüssiger

Schokolade schmecken, darüber vielleicht noch ein paar Schokoladenkekse gekrümelt, werden Sie innerhalb von ein paar Minuten herausfinden.

Unsere Rezeptanregungen sind nicht nur modern und gesund, sie gehen auch fix. Beruf, Familie, Freunde und Hobbys unter einen Hut zu bringen, das fällt uns zunehmend schwer. Da bleibt zum aufwendigen Kochen wenig Zeit. Eine berühmte englische Köchin brachte dieses Dilemma unlängst auf den Punkt: »Das Leben ist einfach zu kurz, als dass ich es mit dem Füllen von Zwergchampignons verjuxen werde.« Deshalb haben wir unsere Rezeptideen im 5-Minuten-Takt zusammengestellt und zwischen echter Arbeitszeit und passiver Kochzeit, beispielsweise im Ofen, unterschieden. Denn wir möchten, dass Sie Ihre kostbare Zeit so gut wie möglich nutzen können.

Die Kochschritte sind so genau, dass auch Ungeübte damit prima zurechtkommen, aber sie sind nicht auf das Zehntelgramm präzise. Denn wir wissen nicht, ob Sie eine kleine oder zwei große Salzkartoffeln von gestern im Kühlschrank haben, aber wir wissen, dass die Rezepte, die wir Ihnen dazu liefern, funktionieren. Und natürlich: richtig gut schmecken!

Inhalt

Brot, Nudeln, Kartoffeln, Reis & Co.

Gemüse & Obst

Fleisch, Geflügel & Fisch

Eier, Milchprodukte & Käse

Saucen, Würzmittel & Eingelegtes

Rezepte

Wissenswertes

Ein Überangebot und Niedrigpreise verleiten uns, mehr zu kaufen als wir benötigen. Da hilft nur eines: Den Großeinkauf mit Einkaufszettel erledigen.

Augen auf beim Einkauf!

Vollreifes Obst und Gemüse nur kaufen, wenn es gleich verbraucht wird. In diesem Zustand wird es, besonders im Sommer oder in der Nähe von Äpfeln gelagert, schnell überreif und verdirbt. Der Reifeprozess lässt sich im Kühlschrank nicht wieder rückgängig machen. Häufig schadet ein Aufenthalt in der Kälte sogar, so werden beispielsweise Tomaten matschig.

Mindesthaltbarkeitsdatum

Das bedeutet nicht automatisch, dass der Inhalt eines verpackten Lebensmittels verdorben ist und weggeworfen werden muss. Hersteller verwenden das sogenannte Mindesthaltbarkeitsdatum (MHD), um anzuzeigen, dass die Eigenschaften des Lebensmittels wie Farbe, Geruch und Geschmack bis mindestens zum aufgedruckten Datum erhalten bleiben. Dieses Datum ist nicht identisch mit einem Verfalls- oder Verbrauchsdatum. Als Faustregel gilt: Ist die Packung unversehrt und das MHD nur kurzfristig überschritten, muss der Inhalt nicht im Müll landen und schadet nicht. Ausnahmen: Geflügel, Hackfleisch und ähnliche verderbliche Ware.

So bleibt alles länger frisch

Brot am besten in der Brotbox aufbewahren oder in größeren Stücken einfrieren. Vorgeschnittenes Brot wird schnell trocken und verliert beim Einfrieren oder Auftauen an Konsistenz.

Gemüse an einem kühlen Ort lagern. In der warmen Jahreszeit im Gemüsefach des Kühlschranks (Ausnahme: Tomaten), in der kühlen Jahreszeit im Schatten auf dem Balkon. Kräuter und Salate in lebensmittelsichere Plastiktüten legen, etwas Luft einschließen und die Tüte verschließen, dann halten sie sich im Kühlschrank mehrere Tage. Spargel und Radieschen in ein feuchtes Küchentuch wickeln und in den Kühlschrank legen. Zeitungspapier zieht die Feuchtigkeit an – so bleiben Gemüse und Salat länger frisch. Deshalb: Einfach eine Seite aus der Tageszeitung zerknüllen und ins Gemüsefach legen.

Eier, Käse und **Butter** nur im Kühlschrank aufbewahren und vor dem Verwenden in etwa 30 Minuten auf Zimmertemperatur bringen. Butter lässt sich auch prima einfrieren. Käsestücke in einer speziellen Käseschachtel im Kühlschrank lagern. 1 Stück Würfelzucker dazugeben. Das saugt die Feuchtigkeit auf, die Käse schneller überreif werden oder gammeln lässt.

Fleisch aus der Verpackung nehmen, auf einen Porzellanteller geben, leicht abgedeckt in den kältesten Bereich im Kühlschrank stellen.

Für **Fisch** eine große Schüssel mit Eiswürfeln füllen, eine kleine Schüssel umgekehrt hineinsetzen, den Fisch ohne Kontakt mit den Eiswürfeln daraufsetzen.

Wie lange hält mein Rest?

Allzu lange sollte man seine gegarten Reste nicht aufheben, sonst landen sie vielleicht doch noch im Müll. Für die meisten Reste gilt im Prinzip die goldene 2-Tage-Regel. Es sei denn, man friert sie gleich ein. In jedem Fall, ob Tiefkühlen oder im Kühlschrank aufbewahren, muss man die gegarten Reste rasch abkühlen lassen und in lebensmitteltaugliche Behälter umfüllen (Gefrierboxen, Gefrierbeutel).

Frisch gekochter Reis beispielsweise schmeckt auch noch nach 2–3 Monaten, wenn er gleich nach dem Kochen eingefroren wird. Im Kühlschrank hält sich der gekochte Reis in einer verschlossenen Box mindestens zwei Tage, ebenso wie gegarte Nudeln, Kartoffeln oder gegarte Gemüse. Erst dann verlieren die Lebensmittel an Geschmack und – auch nicht unwichtig – an Konsistenz. Bei Fleisch gilt ebenfalls die Faustregel zwei Tage, kühl aufbewahren, korrekt abdecken. Wer möchte, entfernt bei Fleisch den Fettrand vor dem Weiterverarbeiten; er kann manchmal ranzig schmecken. Durchgegarter Fisch hält ebenfalls so lange; gebeizter Lachs oder Fischkonserven noch etwas länger. Auch hier wichtig: In lebensmittelgerechte

Dosen oder Boxen umfüllen, die gut schließen.

Die Tiefkühltruhe richtig nutzen

Drei Faustregeln schaffen Übersicht! Erste Regel: Jedes Fach bekommt je nach Vorlieben einen bestimmten Inhalt, zum Beispiel Brot, Kräuter, Grundbausteine der asiatischen Küche. So gefüllt ist die Tiefkühltruhe schnell auf- oder ausgeräumt und ist nicht ein unübersichtliches Sammelsurium an eingefrorenen Lebensmitteln. Zweite Regel: Alles kommt beschriftet in die Fächer. Das ist spätestens dann nützlich, wenn man statt Hühnerbrühe Fischfond aufgetaut hat. Im tiefgekühlten Zustand kann das auch ein Profinäschen nicht erschnuppern. Dritte Regel: Nur Frisches und Leckeres einfrieren.

Und das sollte man wissen vorm Einstieg in die Kapitel

Dosengrößen

Wenn im Rezept eine kleine Dose angegeben wird, ist meist ein Inhalt von 400 g gemeint, bei großen Dosen sind es 800 g. Das reale Abtropfgewicht und die tatsächliche Füllmenge, also das gesamte Füllmaterial der Dose, sind sehr unterschiedlich, beispielsweise bei Dosenbohnen im Vergleich zu Dosentomaten. Bei Fischkonserven gibt es europaweit standardisierte Größen; auch hier variiert die Füllmenge,

zum Beispiel bei Fischzubereitungen wie Hering in der Dose verglichen mit in Öl eingelegtem Thunfisch.

Exotisches Aroma

Curry, Garam masala, grüner Kardamom … mit diesen exotischen Aromen lassen sich Gerichte aufpeppen. Meist hat man sie nicht vorrätig, deshalb werden sie nur in einer Kleinstdosierung angegeben, sind also zur Abrundung gedacht und kein Muss.

Extra Schärfe

Bei dieser Angabe ist jede beliebige Schärfe möglich. Erlaubt ist, was gefällt und im Gewürzvorrat ist, zum Beispiel Chiliflocken (mörsern oder aus der Mühle), Harissa aus der Tube (Achtung: sehr scharf!), Sambal oelek aus dem Gläschen (fast genauso scharf), Cayennepfeffer, Paprika- oder Chilipulver, aber auch frische oder getrocknete Chilischoten.

Kräuter

Frische Kräuter sind natürlich am besten. Kräuter wie Petersilie oder Basilikum enthalten nicht so viele ätherische Öle und schmecken getrocknet weniger intensiv. Immergrüne Kräuter wie Rosmarin und Thymian hingegen schmecken getrocknet intensiver als frisch. Das ätherische Öl von Estragon ist sehr geschmacksintensiv. Deshalb getrockneten Estragon vorsichtshalber in homöopathischen Dosen ver-

wenden, sonst dominiert sein starker Anisduft. Es gilt: Getrocknete Kräuter lieber in kleiner Dosis zugeben und bei Bedarf nachwürzen.

Nüsse

Nüsse im Kühlschrank oder im Gefrierfach aufbewahren, damit sie ihr fein-nussiges Aroma lange behalten. Ihre Verwendung ist vor allem Geschmackssache. Walnüsse, Haselnüsse oder Mandeln können beliebig ausgetauscht werden. Pinienkerne und Pekannüsse haben ein intensives Aroma und passen nicht zu allen Gerichten.

Zitrusfrüchte

Oft wird die abgeriebene Schale von Zitrusfrüchten verwendet. Dann beim Kauf auf den Zusatz »Bio« achten. Nur »unbehandelt« reicht nicht, das bedeutet nur, dass die Zitrusfrucht nach der Ernte nicht mit Pestiziden behandelt wurde, vorher jedoch schon.

Backofen

Wenn nichts anderes angegeben ist, wird in der mittleren Einschubleiste gebacken. Teige mit einem feuchten Belag weichen nicht durch, wenn man sie zum Backen auf den Ofenboden stellt. Aufläufe und Quiches sind schön schnittfest, wenn sie im ausgeschalteten Ofen noch kurz ruhen dürfen.

Brot, Nudeln, Kartoffeln, Reis & Co.

Brot

Der Rest	Weitere Zutaten	Zeit in Minuten	Rezeptidee	Gut zu wissen	Rezept auf Seite
Trockenes Baguette, Brötchen, Weißbrot	Tomaten, Zwiebel, Basilikum, Olivenöl, Aceto balsamico	5 + 60 Marinierzeit	Italienischer Brotsalat	Leckere Ergänzung: Kapern	92
Trockenes Baguette, Brötchen, Weißbrot	Aubergine, Tomaten, Zucchino, Rosmarin, Zitrone	20	Brotsalat mit Grillgemüse	Praktisch: Der Salat kann auch einige Stunden im Grillgemüse ziehen	92
Trockenes Baguette, Brötchen, Weißbrot	Tomaten, Lauch, Olivenöl, Knoblauch, Basilikum	25	Toskanische Brotsuppe	Sind die frischen Tomaten nicht superaromatisch und reif, schmecken Tomaten aus der Dose besser	92
Trockenes Baguette, Brötchen, Weißbrot	Butter, Milch, Schnittlauch, Zwiebel, Brühe	5 + 45 Kochzeit	Französische Brotsuppe	Besonders lecker mit Kalbs- oder Rinderbrühe	92
Trockenes Baguette, Brötchen, Weißbrot	Blattsalat, z. B. Romana, Endivie; Rosinen, Aceto balsamico, Olivenöl, Pinienkerne	10	Süßsäuerlicher Salat mit Croûtons	Besonderer Kick: Mal mit einem Rest Olivenbrot zubereiten – Oliven und Rosinen harmonieren gut	92
Trockenes Brötchen	Eier, Salami, Kapern, Mayonnaise, Kresse	10 + 60 Ruhezeit	Gefülltes Brötchen	Ideal für Picknickkorb oder Grillabend	92

Das ist immer im Haus: Salz, Pfeffer, Essig, Öl

Der Rest	Weitere Zutaten	Zeit in Minuten	Rezeptidee	Gut zu wissen	Rezept auf Seite
Trockene Laugenbrezel	Zwiebel, Milch, Ei, Schnittlauch, Butter	15 + 15 Ruhezeit	Brezenknödel	Urbayrischer Klassiker; geniale Beilage zu Schweinebraten, aber auch zu Gemüsegerichten mit Sauce	93
Trockene Laugenbrezel	Milch, Ei, gekochter Schinken, Senf, Brühe	13 + 15 Ruhezeit	Schinkennocken-süppchen	Je nach Geschmack mit süßem oder scharfem Senf zubereiten	93
Trockenes Croissant	Schokolade, Eiscreme	10	Heiß-kaltes Dessert	Klassisch: mit Vanilleeis. Interessanter mit Bananen-Joghurt-Eis (s. S. 118)	93
Trockenes Croissant	Sahne, Orangenlikör, Orange, Schokolade oder -raspel	10 + 5 Backzeit	Croissant-Küchlein	Ist es eine Bio-Orange? Dann auch die Schale verwenden	93
Trockenes Croissant	Gekochter Schinken, Käse	10	Überbackenes Schinkencroissant	Lecker dazu: viel Petersilie in der Füllung	93
Trockenes Croissant	Hackfleisch, Ei, Zwiebel, Majoran	30	Fleischbällchen	Mit Croissant statt Brot werden sie supersaftig und leicht	93
Trockenes Brot	Salami, Oliven, Aceto balsamico, Olivenöl	10	Süditalienische Antipasti	Frische Feigen passen prima dazu	93
Trockenes Brot	Brühe, Butter, Schnittlauch, Reibekäse	10	Brühe mit Käsecroutons	Noch feiner: mit verquirlten Eiern als Einlage	94
Trockenes Brot	Lauch, Reibekäse, Brühe, Butter	15	Brot-Lauch-Suppe	Auch lecker mit glasig gedünsteten Zwiebeln statt mit Lauch	94

Das ist immer im Haus: Salz, Pfeffer, Essig, Öl

Der Rest	Weitere Zutaten	Zeit in Minuten	Rezeptidee	Gut zu wissen	Rezept auf Seite
Trockenes Brot	Kohl oder Wirsing, Riesenbohnen (Dose), Brühe, Reibekäse, Butter	5 + 20 Kochzeit	Gemüse-Brot-Eintopf	Kräuter nach Wunsch von Thymian bis Bohnenkraut geben Pfiff	94
Hartes Brot	Buttermilch, Butter, Eier, Zucker oder Vanillezucker	5 + 10 Marinierzeit	Arme Ritter	Besonders gut mit abgeriebener Zitronenschale (Bio-Zitrone)	94
Hartes Brot	Pasta, z. B. Spaghetti; Butter; etwas Schärfe, z. B. Chili; Kresse	15	Pasta mit Butterbröseln	Perfekte Ergänzung: ein Hauch Zitronenschale (Bio-Zitrone)	94
Hartes Brot	Schokolade, Sahne oder Milch, Butter, Eier, Zucker; Nüsse; z. B. Haselnuss- oder Walnusskerne oder Mandeln	5 + 40 Marinier- und Backzeit	Schokoladenbrotpudding	Für Erwachsene eventuell mit Kaffeelikör oder Grand Marnier abschmecken	94
Trockenes Vollkornbrot	Apfel, Butter, Honig	5 + 60 Marinierzeit	Apfelsandwich	Lecker fürs Picknick	94
Trockenes Vollkornbrot	Sahne, Quark, Butter, Zucker, frische Kräuter, Zwiebel	20	Quark-Stippe mit süßer Zwiebel	Am besten passen Petersilie, Dill, Schnittlauch und Borretsch	94
Trockener Pumpernickel	Butter, Reis, Mandeln, Sauerkirschen	5 + 70 Quellzeit	Orient-Reis	Aroma-Alternative: Granatapfelkerne plus Pistazienkerne statt Mandeln mit Sauerkirschen	95
Trockener Pumpernickel	Rote Bete, Schmant, Zitrone, Zwiebel, Koriandergrün oder Petersilie	5 + 60 Marinierzeit	Rote-Bete-Salat	Joghurt oder Quark passen auch anstelle von Schmant	95

Das ist immer im Haus: Salz, Pfeffer, Essig, Öl

Nudeln

Der Rest	Weitere Zutaten	Zeit in Minuten	Rezeptidee	Gut zu wissen	Rezept auf Seite
Spaghetti pur	Roher Schinken, Rucola, Parmesan	10	Schinkennudeln italiana	Fein mit Parmaschinken oder San Daniele	95
Spaghetti pur	Zucchino, Eier, Thymian	15	Nudelfrittata	Perfekt dazu: Blattsalat	95
Spaghetti pur	Speckwürfel, Zwiebel, Olivenöl, Ei, Reibekäse	20	Carbonara-Häppchen	Lassen sich auch gut als Appetithappen auf großen Löffeln servieren	95
Spaghetti pur	Radicchio, eingelegte Sardellenfilets oder Thunfisch aus der Dose, Kapern, Olivenöl	10	Mediterraner Nudelsalat	Sardellenfilets schmecken nicht vor, sondern machen das Dressing schön würzig	95
Spaghetti mit Tomatensauce	Eier, Parmesan, Speck	15	Würzige Nudelpuffer	Müssen frisch aus der Pfanne kommen	96
Spaghetti mit Tomatensauce	Schnitzel (Kalb, Schwein oder Pute), Ei, Mehl, Semmelbrösel, Parmesan	20	Piccata milanese	Kinderlieblingsessen	96
Spaghetti mit Tomatensauce	Paprikaschoten, Zucchini, Aceto balsamico, Basilikum oder Thymian, Olivenöl	10 + 20 Backzeit	Gemüse im Spaghetti-ring	Basilikum ist nur frisch aromatisch, Thymian schmeckt frisch und getrocknet	96

Das ist immer im Haus: Salz, Pfeffer, Essig, Öl

Der Rest	Weitere Zutaten	Zeit in Minuten	Rezeptidee	Gut zu wissen	Rezept auf Seite
Bandnudeln pur	Räucherlachs oder Graved Lachs, Zitrone, Sojasauce oder Aceto balsamico, Kirschtomaten	5 + 30 Marinierzeit	Lachs-Pasta-Salat	Perfekt dazu: Japanische Würzsaucen wie Teriyaki	96
Bandnudeln pur	Möhren, eingelegte Sardellenfilets, Knoblauch, Olivenöl	15	Möhren mit Bagna-Cauda-Pasta	Bagna Cauda ist ein Dipöl für rohes und gegartes Gemüse	96
Bandnudeln pur	Champignons, Zwiebel, Butter, Sahne, Thymian	15	Champignons mit Thymiannudeln	Auch sehr fein: getrocknete Pilze statt Champignons, z. B. Steinpilze; diese vorher kurz wässern	96
Bandnudeln pur	Kürbis, Hühnerbrühe, Sahne, Reibekäse, Thymian	5 + 40 Backzeit	Kürbis-Pasta-Gratin	Muskatnuss oder Piment passen auch gut anstelle des Thymians	96
Kurze Pasta pur	Grüner Spargel, Zucchini, Pesto, Sahne	10	Grüne Nudeln	Auch als Nudelsalat fein: Dafür mit Zitronensaft abschmecken	97
Kurze Pasta pur	Joghurt; frische Kräuter, z. B. Petersilie, Basilikum; Knoblauch; etwas Schärfe, z. B. Chilipulver	10	Pasta mit scharfer Joghurtsauce	Als Appetithappen in schönen Gläschen anrichten	97
Kurze Pasta pur	TK-Grünkohl, Salsiccia oder Bratwurst, Riesenbohnen (Dose), Aceto balsamico, Olivenöl	20	Deftiger Nudeltopf	Salsiccia ist die italienische Version der Bratwurst und regional unterschiedlich gewürzt, z. B. mit Fenchelsamen, Knoblauch, Peperoncino	97

Das ist immer im Haus: Salz, Pfeffer, Essig, Öl

Der Rest	Weitere Zutaten	Zeit in Minuten	Rezeptidee	Gut zu wissen	Rezept auf Seite
Kurze Pasta mit Tomatensauce	Hähnchenfilet, Oliven, Knoblauch, Reibekäse	10	Italienische Hähnchenpfanne	Olivensorte nach Geschmack wählen – mild oder pikant gewürzt	97
Kurze Pasta mit Tomatensauce	Aubergine, Ricotta, Parmesan, Olivenöl, Basilikum	5 + 60 Backzeit	Gemüse-Pasta-Auflauf	Originelle Deko: frittierte Basilikumblätter	97
Ravioli oder Tortellini pur	Brühe, Eier, Schnittlauch oder Frühlingszwiebeln, Parmesan	10	Schnelles Süppchen	Am leckersten ist selbst gemachte Hühnerbrühe, Fertigbrühen in Bio-Qualität schmecken auch	97
Ravioli oder Tortellini pur	Tomaten, Oliven, Petersilie, Bio-Zitrone, Parmesan	10	Gebratene Teigtaschen mit Dip	Auch mit etwas Schale einer Bio-Orange fein	97
Ravioli oder Tortellini pur	Mozzarella, Reibekäse, Tomaten (Dose oder Packung); etwas Schärfe, z. B. rosenscharfes Paprikapulver	5 + 15 Backzeit	Überbackene Teigtaschen	Ein Standardrezept für alle gefüllten Pastasorten	98
Glasnudeln, eingeweicht	Tomaten; etwas Schärfe, z. B. Chilipulver; frische Kräuter, z. B. Schnittlauch, Koriandergrün oder Minze	5	Tomatensalat mit Glasnudeln	In Asien werden Tomaten gerne mit Ingwer kombiniert; Sushi-Ingwer ist eine perfekte Ergänzung	98
Glasnudeln, eingeweicht	Schweinefleisch (Schnitzel oder Filet), Fischsauce, Ingwer, Frühlingszwiebeln	15	Schweinefleisch mit Glasnudeln	Die würzige Fischsauce aus Südostasien wird auch zum Abschmecken von Fleisch verwendet	98

Das ist immer im Haus: Salz, Pfeffer, Essig, Öl

Kartoffeln

Der Rest	Weitere Zutaten	Zeit in Minuten	Rezeptidee	Gut zu wissen	Rezept auf Seite
Pellkartoffeln	Reibekäse, Schnittlauch, Zwiebel	20	Bratkartoffeln mit Käsekruste	Mit Salat eine komplette kleine Mahlzeit	98
Pellkartoffeln	Butter oder Gänseschmalz	20	Rösti	Lecker zu Fleisch- oder Pilzgerichten	98
Pellkartoffeln	Blattsalat, z. B. Endivie, Romana, Rucola; Frühstücksspeck, Zwiebel	15	Knusperkartoffeln	Mit Sherryessig besonders delikat	98
Pellkartoffeln	Eier, Speckwürfel, Zwiebel	20	Bauernomelett	Schmeckt auch mit Bratenresten	98
Pellkartoffeln	Eier, Reibekäse, Tomaten; etwas Schärfe, z. B. Chili	20	Tortilla mit Tomatensalsa	Klasse: Die schmeckt warm, lauwarm oder kalt	99
Pellkartoffeln	Ziegenkäse, Rucola, edelsüßes Paprikapulver	10	Käse-Kartoffel-Scheibchen	Auch fein mit Mozzarella oder Gouda	99
Pellkartoffeln	Weißwein, Weißweinessig, Butter, Petersilie	5	Kartoffelsalat mit Weißweindressing	Gleich essen oder einige Stunden ziehen lassen	99
Pellkartoffeln	Räucherlachs, Joghurt, Dill, Orange, Senf	10	Kartoffel-Lachs-Salat	Ist es eine Bio-Orange? Dann harmoniert die Schale gut mit dem Lachs	99

Das ist immer im Haus: Salz, Pfeffer, Essig, Öl

Der Rest	Weitere Zutaten	Zeit in Minuten	Rezeptidee	Gut zu wissen	Rezept auf Seite
Pellkartoffeln	Fetakäse, Salatgurke, Zwiebel, Thymian, Olivenöl	5	Griechischer Kartoffelsalat	Schön sättigend mit Thunfisch aus der Dose	99
Pellkartoffeln	Wurzelgemüse, Olivenöl, Brühe, Rosmarin, Knoblauch	5 + 35 Backzeit	Ofengemüse	Möhren und Steckrüben bekommt man fast überall; Topinambur, Pastinaken und Petersilienwurzel schmecken interessanter	99
Salzkartoffeln	Knoblauch, Olivenöl, Zitrone	15	Skordalia	Als Brotaufstrich oder Beilage zu Fleisch und Grillfisch	100
Salzkartoffeln	Butter	5 + 30 Backzeit	Pommes Anna	Sättigt auch in kleinen Mengen und passt gut zu Fleischgerichten	100
Salzkartoffeln	Möhren, Brühe, Zwiebel, Schnittlauch oder Kerbel, Knoblauch	15	Kartoffelcremesüppchen	Statt Möhren passen auch prima Lauch, Zucchini, Kürbis oder Knollensellerie	100
Salzkartoffeln	Äpfel, Butter, Crème fraîche, Reibekäse, Zucker, Thymian	5 + 20 Backzeit	Apfel-Kartoffel-Gratin	Das Karamellisieren der Äpfel intensiviert den Geschmack	100
Salzkartoffeln	Sahne, Butter, geriebener Meerrettich (Glas oder frisch)	5	Kartoffel-Meerrettich-Püree	Schnelle Beilage zu Fisch und Fleisch	100
Salzkartoffeln	Frühlingszwiebeln, Milch, Butter	10	Irisches Kartoffelpüree	Lauch statt Frühlingszwiebeln: Das geht auch, nur verlängert sich die Garzeit	100

Das ist immer im Haus: Salz, Pfeffer, Essig, Öl

Der Rest	Weitere Zutaten	Zeit in Minuten	Rezeptidee	Gut zu wissen	Rezept auf Seite
Salzkartoffeln	Sahne, Mehl, Muskatnuss, Thymian, Kümmel	5 + 30 Backzeit	Kartoffelküchlein	Fein als Beilage zu allen Räucherfischen und perfekt zu Räucherlachs	100
Salzkartoffeln	Artischockenherzen, Crème fraîche oder Sahne, Reibekäse, Bio-Zitrone, Petersilie	5 + 25 Backzeit	Artischockenauflauf	Solo zum Sattessen oder als Beilage zu Fisch – den Käse dann besser weglassen	101
Salzkartoffeln	Hefe, Honig, Milch, Butter, Mehl	5 + 120 Ruhe- und Backzeit	Kartoffelbrot	Kartoffelbrot schmeckt zu Käse und besonders lecker auch zu Honig oder Orangenmarmelade	101
Ofenkartoffel	Knoblauch, Zitrone, Olivenöl	5	Ruckzuck-Brotaufstrich	Sehr gut auf getoastetem Weißbrot. Fein mit gehackten Mandeln bestreut	101
Ofenkartoffeln	Quark, Kidneybohnen, Knoblauch, Zitrone	5	Kartoffel-Bohnen-Dip	Türkischer/Griechischer Joghurt statt Quark: Das geht auch, dann ist der Dip etwas gehaltvoller	101
Ofenkartoffeln	Butter, Eigelbe, Sahne, Muskatnuss	5 + 10 Backzeit	Prinzesskartoffeln	Übrige Eiweiße einfrieren (s. S. 57)	101
Ofenkartoffeln	TK-Blätterteig, Butter, Crème double, Reibekäse, Schnittlauch	5 + 20 Kühl- und Backzeit	Kartoffel-Tarteletts	Auch sehr gut: Die Tartelettfüllung als Brotaufstrich nehmen	101
Kartoffelpüree	Blauschimmelkäse, Ei, Frühlingszwiebeln, Semmelbrösel	5 + 15 Backzeit	Kartoffel-Käse-Plätzchen	Lecker zu Räucherlachs	101

Das ist immer im Haus: Salz, Pfeffer, Essig, Öl

Der Rest	Weitere Zutaten	Zeit in Minuten	Rezeptidee	Gut zu wissen	Rezept auf Seite
Kartoffelpüree	Hackfleisch, Milch, Butter, Tomaten, Zwiebel, Worcestersauce und/oder Sojasauce	5 + 20 Backzeit	Pie mit Kartoffelkruste	Worcestersauce intensiviert das Fleischaroma, Sojasauce ersetzt das Nachsalzen	102
Kartoffelpüree	Makrele oder anderer ganzer fetthaltiger Fisch, Pesto, Zitrone	5 + 8 Grillzeit	Grillfisch mit Füllung	Vegetarische Alternative: Große Champignons mit der Füllung füllen	102
Gnocchi pur	Spinat (frisch oder TK), Sahne, Reibekäse, Muskat	15	Schnelle Gnocchi-Pfanne	Würzvariante: Kreuzkümmel harmoniert gut mit Spinat und Muskat; den Käse dann aber weglassen	102
Gnocchi pur	Zucchini, Olivenöl, Knoblauch, Rosmarin	15	Zucchinigemüse mit Gnocchi	Würzig: Zitronensaft und -schale statt Knoblauch	102
Gnocchi pur	Petersilie, Hackfleisch, Mozzarella, Tomatensauce, Olivenöl	10 + 20 Backzeit	Gnocchigratin mit Petersilienöl	Für das Öl Petersilienstängel zerdrücken, die Blättchen in die Sauce geben	102
Kartoffelklöße	Ei, frische Kräuter, Mehl, Semmelbrösel	20	Gebackene Kräuterklöße	Kräuter nach Wunsch: Sauerampfer, Kerbel, Schnittlauch, Petersilie	102
Kartoffelklöße	Birnen, Zitrone, Speckwürfel, Butter, Thymian	20	Speckklöße mit Birnenconfit	Schmeckt als Vorspeise oder Beilage zu Geflügel	102
Kartoffelklöße	Roher Schinken, Sauerkraut, Crème fraîche	20	Sauerkraut mit Schinkenklößchen	Auch gut mit Frühstücksspeck	103

Das ist immer im Haus: Salz, Pfeffer, Essig, Öl

Reis & Co.

Der Rest	Weitere Zutaten	Zeit in Minuten	Rezeptidee	Gut zu wissen	Rezept auf Seite
Reis pur	Eier, Sojasauce, Sake (Reiswein) oder Aceto balsamico; frische Kräuter, z. B. Schnittlauch, Petersilie, Koriandergrün	15	Gebratener Reis	Grundrezept, das vielseitig angereichert werden kann: z. B. mit Hähnchenfleisch, Garnelen, TK-Erbsen, grünen Bohnen	103
Reis pur	Tomaten (frisch oder Dose), Tomatenmark, Zwiebel, Knoblauch; etwas Schärfe, z. B. Harissa	15	Reis-Tomaten-Pfanne	Feine Ergänzung: 1 Prise Estragon	103
Reis pur	Kidneybohnen (Dose), Salami, Petersilie, Schmant, Tabasco	15	Kidneybohnenragout	Frische Chilis oder Chiliöl schmecken sehr gut dazu	103
Reis pur	Spargel (weiß oder grün), Möhren, TK-Erbsen, Crème fraîche oder Schmant, Kerbel	15	Gemüse-Reis-Salat	Grundrezept zum Abwandeln: mit Lauchringen, Zuckerschoten oder Tomatenstückchen	103
Reis pur	Avocado, Salatgurke, Thunfisch (frisch oder Dose) oder Lachs, Wasabipaste oder -pulver, Sojasauce, Zitrone	10	Reissalat à la Sushi	Wasabipaste aus der Tube ist leicht zu dosieren. Pulver muss angerührt werden (1 gestr. TL Pulver + 2 TL Wasser = 1 TL Paste)	104

Das ist immer im Haus: Salz, Pfeffer, Essig, Öl

Der Rest	Weitere Zutaten	Zeit in Minuten	Rezeptidee	Gut zu wissen	Rezept auf Seite
Risotto, gegart	Ei, Mozzarella, Tomatensauce, Mehl, Semmelbrösel	20	Käsekroketten	Die Tomatensauce kann man auch schnell aus Dosentomaten köcheln	104
Risotto, gegart	Paprikaschote, Mozzarella, Oliven	5 + 20 Backzeit	Risottotarte	Fruchtig-würzige Ergänzung: Grill- oder Kirschpaprika in Streifen	104
Risotto, gegart	Weinblätter (eingelegt), Pinienkerne, Rosinen, Thymian, Tomatensauce	5 + 25 Garzeit	Gefüllte Weinblätter	Weinblätter zum Füllen gibt es abgepackt im Supermarkt	104
Risotto, gegart	Ziegenkäse, Olivenöl, Thymian, Honig	10	Risotto-Croûtons	Lecker dazu: Tomatensalat	104
Milchreis, gegart	Joghurt, (Vanille)Zucker, Rosinen; Nüsse, z. B. Haselnüsse; Zimtpulver	15	Frühstücksreis	Variables Grundrezept: Obst je nach Saison unterheben, Nüsse, Kerne oder Mandeln nach Geschmack	104
Milchreis, gegart	Sahne, Pflaumen, Pflaumenschnaps oder Brandy oder brauner Zucker, Zimtpulver	10	Pflaumenreisdessert	Pflaumenschnaps gibt es in Asia-Läden als *prune wine*	104
Milchreis, gegart	Ananas, Butter, Zucker, Kekse, z. B. Amarettini	10	Ananas-Reis	Ein Schuss Amaretto-Likör schmeckt lecker dazu	105
Paella	Radicchio, Thunfisch (Dose), Zitrone, Olivenöl	5	Salat-Wraps	Wer das bittere Aroma von Radicchio nicht mag, füllt Romanasalatblätter oder Salatherzen	105

Das ist immer im Haus: Salz, Pfeffer, Essig, Öl

Der Rest	Weitere Zutaten	Zeit in Minuten	Rezeptidee	Gut zu wissen	Rezept auf Seite
Paella	Paprikaschoten, Frühlingszwiebeln; etwas Schärfe, z. B. Harissa oder Chilischoten	15	Würziges Pfannengemüse	Noch herzhafter: ergänzt mit Kidneybohnen	105
Paella	Tomate, trockener Sherry, Petersilie	10 + 60 Kühlzeit	Gefüllte Tomate	Fummelig, aber optisch ansprechend sind Kirschtomaten	105
Couscous	Kichererbsen (Dose), Tomate, Petersilie, Olivenöl, Zitrone	10	Kichererbsen-Couscous-Salat	Extrawürze: Orientalische Mitbringsel-Gewürze wie Ras el-hanout oder Zataar	105
Couscous	Getrocknete Aprikosen, Olivenöl, Zitrone, Mandeln, Minze	15	Couscous-Aprikosen-Dessert	Mit Frühlingszwiebeln, Harissa oder anderer Schärfe wird daraus eine Beilage zu Lamm- oder Hähnchenfleisch	105
Couscous	Lachsfilet, Olivenöl, Oliven, Petersilie, Zitrone	15	Couscous mit Lachs	Aromatische Ergänzung: Kapernäpfel oder Rosinen	105
Bulgur, gegart	Tomaten, Olivenöl, Zitrone, Petersilie und/oder Minze	10	Bulgursalat	Interessante Würzvariante: Einfach Tomatenmark mit etwas Essig und Wasser verquirlen – statt Zitrone	105
Bulgur, gegart	Paprikaschoten (rot oder gelb), Sprossen, Joghurt, Kapern, Zitrone	12	Gefüllte Paprikaschoten	Superlecker mit zarten Alfalfasprossen, Sojasprossen sind dafür etwas zu grob	106

Das ist immer im Haus: Salz, Pfeffer, Essig, Öl

Der Rest	Weitere Zutaten	Zeit in Minuten	Rezeptidee	Gut zu wissen	Rezept auf Seite
Bulgur, gegart	Hackfleisch, Fetakäse, Kreuzkümmel, Zwiebel, Petersilie	20	Orientalische Fleischbällchen	Sehr aromatisch: mit vorgewürztem Feta aus dem türkischen Gemüseladen	106
Hirse, gegart	Möhren, frische Kräuter, Reibekäse	20	Möhrenpuffer	Ganz fein mit dem altmodischen Kraut Liebstöckel	106
Hirse, gegart	Haferflocken, Joghurt oder Milch, Cranberrys oder Johannisbeeren, Honig, Kürbiskerne	10	Hirsemüsli	Cranberrys/Cranbeeren gibt es frisch, tiefgekühlt und getrocknet zu kaufen	106
Hirse, gegart	Zucchini, Tomaten, Reibekäse, Oliven, getrocknete Tomaten	5 + 20 Backzeit	Gefüllte Zucchini	Raffinierte kleine Vorspeise	106
Polenta, gegart	Salbei oder Thymian, Butter, Zitrone	10	Polentawürfel in Zitronenbutter	Schmeckt am besten frisch aus der Pfanne	106
Polenta, gegart	Frühstücksspeck, Parmesan, Thymian	10	Polenta-Speck-Nocken	Lecker dazu: Tomatensalat	106
Polenta, gegart	Ricotta oder Sahnequark, Marsala, Limoncello oder Orangenblutensirup, Mandeln, Rosinen, Mandelblättchen, Zucker	10	Süße Polenta	Limoncello ist ein süßer Zitronenlikör aus Zitronenschale, Wasser und Zucker	106

Das ist immer im Haus: Salz, Pfeffer, Essig, Öl

Gemüse & Obst

Falls nicht extra angegeben, lassen sich die Rezepte mit rohen
oder bereits gegarten Gemüseresten zubereiten.

Gemüse

Der Rest	Weitere Zutaten	Zeit in Minuten	Rezeptidee	Gut zu wissen	Rezept auf Seite
Aubergine	Fetakäse, Aceto balsamico, Thymian	10	Auberginen-Dip	Schmeckt sehr lecker mit Rohkoststreifen (Möhren, Paprika, Staudensellerie)	106
Aubergine	Pasta, Oliven oder Knoblauch, Reibekäse, Petersilie, Tomaten (frisch oder Dose)	15	Pasta mit Auberginengemüse	Die Sauce etwas einköcheln lassen, dann lässt sie sich auch gut auf geröstetes Brot streichen	107
Aubergine	Hackfleisch, Zwiebel, Tomaten, Pinienkerne, Thymian; etwas Schärfe, z. B. edelsüßes Paprikapulver	20	Hackfleischbällchen	Pinienkerne werden bei Zimmertemperatur leicht ranzig; am besten einfrieren oder im Gemüsefach im Kühlschrank aufbewahren	107
Avocado, überreif	Joghurt, Aceto balsamico; etwas Schärfe, z. B. Chili	5	Avocado-Joghurt-Creme	Sehr fein: Zum Dippen für Chicoréeblätter oder als würzige Sauce zu Kartoffeln oder Grillfisch	107
Avocado, überreif	Zitrone oder Limette, Tomaten, Chilischote, Petersilie, Frühlingszwiebeln oder Koriandergrün	5	Avocado-Dip	Schmeckt zu Nacho-Chips, auf Sesamknäckebrot oder kräftigem Vollkornbrot	107

Das ist immer im Haus: Salz, Pfeffer, Essig, Öl

Der Rest	Weitere Zutaten	Zeit in Minuten	Rezeptidee	Gut zu wissen	Rezept auf Seite
Avocado, überreif	Fischfilet, z. B. Pangasius; Zitrone, Kräutersalz; etwas Schärfe, z. B. Paprikapulver	5 + 10 Backzeit	Fischpäckchen mit Avocadosauce	Für südkalifornisches Urlaubsfeeling: Den Fisch in Tacoshells oder auf Tortillas servieren	107
Avocado, überreif	Hackfleisch, Zitrone; etwas Schärfe, z. B. rosenscharfes Paprikapulver; Knoblauch, Hamburger-Brötchen oder Baguette	15	Hamburger mit Avocadocreme	Noch cremiger wird's mit Crème fraîche oder Mayonnaise	107
Blumenkohl	Knoblauch, Crème fraîche, Petersilie; etwas Schärfe, z. B. Kirschpaprika (Glas)	15	Blumenkohlcreme	Schmeckt als warme Sauce sehr gut zu Pilzen oder Kartoffeln	108
Blumenkohl	Weißwein, Brühe, Sahne, Dill	10	Feines Cremesüppchen	Als Einlage geeignet: z. B. Brotcroûtons	108
Blumenkohl	Kartoffeln, Currypulver, (TK-)Erbsen, Kokosmilch, Kurkumapulver	15	Vegetarisches Curry	Mit Joghurt anstelle von Kokosmilch bekommt das Curry eine frische Note	108
Brokkoli	Pasta, Sardellenfilets, Olivenöl, Parmesan; etwas Schärfe, z. B. Chilipulver	15	Pasta mit Brokkoli	Am besten schmeckt's mit kurzen Nudeln	108
Brokkoli	Eier, getrocknete Tomaten, Olivenöl, Kapern	15	Brokkolisalat	Raffiniert gewürzt mit getrockneten Tomaten	108
Brokkoli	Eier, Crème fraîche, Reibekäse, Butter, Mehl	5 + 40 Ruhe- und Backzeit	Brokkoliquiche	Quiches mit feuchtem Belag auf dem Ofenboden backen, dann wird der Teig schön knusprig	108

Das ist immer im Haus: Salz, Pfeffer, Essig, Öl

Gemüse & Obst

Der Rest	Weitere Zutaten	Zeit in Minuten	Rezeptidee	Gut zu wissen	Rezept auf Seite
Champignons	Frischkäse, Zwiebel; frische Kräuter, z. B. Schnittlauch, Petersilie	15	Champignoncreme	Champignons dürfen aufgewärmt werden. Reste abdecken und im Kühlschrank höchstens 1 ½ Tage aufheben	109
Champignons	Polenta (Instant), Reibekäse, Brühe	20	Polenta mit Champignons	Schmeckt auch lauwarm sehr gut	109
Champignons	Blauschimmelkäse, (TK-) Spinat, Sojasauce, Brot	10 + 5 Gratinierzeit	Champignontoasts	Ohne Brot auch mit Pasta sehr lecker	109
Erbsen, gegart	Bio-Zitrone, Ricottakäse oder Quark	10	Erbsen-Dip	Fein dazu: geräucherter Lachs oder Parmaschinken	109
Erbsen, roh	Reis, Brühe, Reibekäse	15	Erbsen-Reis	Cremiger: Ziegenfrischkäse anstelle von Reibekäse	109
Erbsen, gegart	Kartoffeln, TK-Blätterteig, Petersilie oder Koriandergrün, Currypulver	10 + 15 Backzeit	Indische Blätterteigtaschen	Auch lecker: Statt Blätterteig Filo-Teig vom türkischen Gemüsehändler nehmen	109
Fenchel, roh	Orange, Zwiebel (normale oder rote), Oliven, Olivenöl	5	Kleiner Salat alla siciliana	Im Winter auch mal mit Blutorangen zubereiten	109
Fenchel	Brühe, Parmesan, Crème fraîche	15	Fenchelsüppchen	Mit Sherry oder trockenem Vermouth abschmecken	110
Fenchel	Salami oder Chorizo, Knoblauch, Rotwein oder Brühe, Brot	10	Warm gefülltes Sandwich	In Spanien wird diese Tapa auf Fladenbrot serviert	110

Das ist immer im Haus: Salz, Pfeffer, Essig, Öl

Der Rest	Weitere Zutaten	Zeit in Minuten	Rezeptidee	Gut zu wissen	Rezept auf Seite
Fenchel	Sahne, Kartoffeln, Reibe-käse, Muskatnuss	5 + 30 Backzeit	Fenchelgratin	Das Gratin vor dem Servieren einige Minuten im ausgeschalteten Ofen ruhen lassen, dann wird es schön schnittfest	110
Gemüsesuppe	Crème fraîche, Aceto balsamico, Rosmarin	10	Cremige Gemüsesauce	Schmeckt als Beilage zu Lamm- oder Rindfleisch. Frischer: mit Joghurt anstelle von Crème fraîche	110
Gemüsesuppe	Chorizo, kurze Pasta, Bio-Zitrone, Tomaten-mark; etwas Schärfe, z. B. Chilipulver oder Chilis	15	Feurige Pastasauce	Perfekt mit frischen Chili-schoten und dem frischen Aroma der Zitronenschale	110
Gemüsesuppe	Wiener Würstchen oder Bratwürste, Zwiebel, Knoblauch; frische Kräuter, z. B. Petersilie, Schnittlauch oder Brunnenkresse; Brot	20	Würstchenragout mit Kräutercroûtons	Das pfeffrig-scharfe Aroma der Brunnenkresse passt sehr gut dazu. Das Kraut ist auf Wochenmärkten oder im Bioladen erhältlich	110
Gemüseeintopf	TK-Blätterteig, Ei; frische Kräuter, z. B. Petersilie, Schnittlauch, Brunnenkresse, Thymian; Kartoffeln	10 +15 Backzeit	Gemüse-Pie	Die Pie lässt sich gut transportieren. Sie bleibt lange warm, weil die Teigkruste die Hitze speichert	110
Gemüseeintopf	Hackfleisch, Ei; Toast oder Croissant, trocken	25	Hackbällchen im Gemüsesud	Schmeckt sehr lecker zu Reis	111

Das ist immer im Haus: Salz, Pfeffer, Essig, Öl

Der Rest	Weitere Zutaten	Zeit in Minuten	Rezeptidee	Gut zu wissen	Rezept auf Seite
Grüne Bohnen	Brühe, Kartoffeln, Pesto (Glas), Reibekäse	15	Fixes Bohnensüppchen	Besonders fein: mit Gemüsebrühe oder verdünntem Kalbsfond	111
Grüne Bohnen	Rucola, Kidneybohnen, Olivenöl, Aceto balsamico	8	Bohnensalat mit Rucola	Schmeckt sehr gut mit Riesenbohnen oder Borlottibohnen aus der Dose	111
Grüne Bohnen	Kurze Pasta, Tomaten, Fetakäse, Olivenöl, Aceto balsamico	15	Bohnen-Pasta-Salat	Lässt sich gut vorbereiten	111
Grüne Bohnen	Reis, Butter; frische Kräuter, z. B. Petersilie, Basilikum, Thymian; Nüsse	15	Reispfanne mit Bohnen	Nüsse sind gesund und machen Gemüsegerichte interessant. Es passen alle Nussorten gut dazu, auch Salzmandeln, Erdnüsse, Sonnenblumenkerne	111
Kürbis	Datteln, Mandeln, Rosinen; etwas Schärfe, z. B. Harissa; Kardamompulver	15	Kürbischutney	Herb-aromatischer Kardamom macht süßliche Chutneys interessanter	111
Kürbis	Kurze Pasta, Sahne oder Schmant, Reibekäse, Salbei	12	Pasta mit Kürbissauce	Die Sauce schmeckt mit allen Kürbissorten. Vor dem Servieren mit 1 TL Kürbiskernöl beträufeln	112
Kürbis	Natron, Backpulver, Eier, Schmant oder Joghurt, Walnusskerne oder Kürbiskerne, Mehl, Zucker	5 + 35 Backzeit	Kürbisbrot	Das Brot wird durch die Natron-Säure-Verbindung luftig. Nur Backpulver statt der Natron-Backpulver-Mischung geht auch	112

Das ist immer im Haus: Salz, Pfeffer, Essig, Öl

Gemüse & Obst

Der Rest	Weitere Zutaten	Zeit in Minuten	Rezeptidee	Gut zu wissen	Rezept auf Seite
Lauch	Schmant, Olivenöl, Senf	5	Lauchcreme	Haselnussöl rundet den Geschmack am besten ab; gibt es in Miniflaschen	112
Lauch	Butter, Rotwein oder Brühe, Thymian oder Sojasauce	10	Lauchsauce	Würzige Sauce zu Risotto, Reis oder Gnocchi. Schmeckt aber auch sehr fein auf geröstetem Brot	112
Lauch	TK-Blätterteig, Eier, Mehl, Reibekäse	5 + 20 Backzeit	Lauchquiche	Besonders würzig mit geriebenem Ziegenkäse	112
Möhren	Orangensaft, Chilischote, Brühe	8	Heißer Powerdrink	Chilis lassen sich einfrieren. Bei Bedarf unaufgetaut verwenden	112
Möhren	Brühe, Mango; etwas Schärfe, z. B. rosenscharfes Paprikapulver	20	Möhrensüppchen	Aus den Zutaten lässt sich auch ein Dip für Fladenbrot zubereiten	112
Möhren	Brokkoli, Champignons oder Kartoffeln, Kurkumapulver; etwas Schärfe, z. B. Sambal oelek oder 1 EL Sojasauce; Reis	15	Asia-Wok	Leckere Würzvariante: Mit fertigen Asia-Dipsaucen wie Arjard (mit Gurken- und Möhrenstückchen) abschmecken	113
Möhren	Schnitzel oder Steak, Aceto balsamico, Oliven, Basilikum	15	Italo-Wok	Schmeckt zu Stangenbrot oder auf knackigem Salat; mit Salat reicht es als Vorspeise für vier	113
Rotkohl	Ziegen- oder Fetakäse, Olivenöl, Rotweinessig, Brot	15	Rotkohlsalat mit Croûtons	Schön kräuterwürzig mit Thymian oder Rosmarin	113

Das ist immer im Haus: Salz, Pfeffer, Essig, Öl

Der Rest	Weitere Zutaten	Zeit in Minuten	Rezeptidee	Gut zu wissen	Rezept auf Seite
Rotkohl	Bratwurst, Apfel, Zwiebel, Aceto balsamico oder Rotwein	15	Bratwurst mit Rotkohlkompott	Rotwein rundet das Aroma fein ab. Auch lecker: Beerenmarmelade statt Wein	113
Rotkohl	Hackfleisch, Zwiebel, Ingwer, Currypulver oder Garam masala	20	Indisches Rotkohlgemüse	Garam masala ist eine Gewürzmischung, beispielsweise mit Zimt, Nelken, Kreuzkümmel, Kardamom	113
Spargel, weiß	Weißbrot, Butter, Koch- oder Räucherschinken oder Schinkenwürfel, Schmant	10	Spargel-Crostini	Einige Gemüsesorten, darunter Spargel, schmecken warm, lauwarm und kalt	113
Spargel, weiß	Artischocken (Glas), Tomatensauce, (TK-)Pizzateig; Schnittkäse	5 + 15 Backzeit	Gemüse-Pizza	Anderes Aroma, aber auch lecker: Tomatensauce statt Crème fraîche	114
Spargel, weiß	Sahne, Champignons, Zwiebel, Butter	15	Spargel-Pilz-Sauce	Schmeckt zu Schweinemedaillons oder kleinen Kalbfleischschnitzeln	114
Spargel, grün	Frischkäse oder Ziegenfrischkäse, Pistazienkerne oder Mandeln, Olivenöl	10	Spargel-Dip	Sehr fein zu Fisch oder als Aufstrich auf frischem Brot	114
Spargel, grün	Grüne Bohnen, Basilikum, Reibekäse, Bio-Zitrone	15	Bohnen-Spargel-Salat	Schön aromatisch durch Zitronensaft und -schale. Nur Zitronensaft als Würze schmeckt auch ganz fein	114
Spinat	Hüttenkäse, Walnusskerne, Zitrone, Cayennepfeffer, Muskatnuss	10	Spinat-Dip	Besonders lecker zu Grissini, Chicoréeblättern und Tomaten	114

Das ist immer im Haus: Salz, Pfeffer, Essig, Öl

Der Rest	Weitere Zutaten	Zeit in Minuten	Rezeptidee	Gut zu wissen	Rezept auf Seite
Spinat	Baguette, gekochter Schinken, Schnittkäse, Mayonnaise	5	Italienisches Panino	So schmeckt's auch: gegrillt oder im Ofen überbacken	114
Spinat	Eier, Reibekäse, Mehl	20 + 30 Ruhezeit	Spinatspätzle	Spinat kann für Erwachsene aufgewärmt werden	114
Spinat	TK-Blätterteig, Tomaten, Reibekäse, Schmant	10 + 15 Backzeit	Spinattarte	Schmeckt auch mit TK-Rahmspinat sehr gut	115
Zucchini	Eier, Butter, Reibekäse, Bio-Zitrone	20	Zucchinifrittata	Schmeckt auch mit Rucola, Petersilie, Basilikum oder Pinienkernen	115
Zucchini	Eier, Mehl, Backpulver, Zimtpulver	5 +60 Backzeit	Zucchinibrot	Zucchini macht das Brot schön saftig	115
Zucchini	Ziegen(frisch)käse, Apfel, Zitrone, Brot	10	Zucchini-Apfel-Crostini	Schmeckt am besten ganz frisch	115

Das ist immer im Haus: Salz, Pfeffer, Essig, Öl

Gemüse aus Glas und Dose

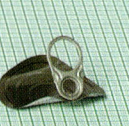

Der Rest	Weitere Zutaten	Zeit in Minuten	Rezeptidee	Gut zu wissen	Rezept auf Seite
Artischockenherzen	Fetakäse, Zitrone, Baguette	5	Baguette mit Fetakäse-creme	Würzvariante: Das erfrischende Aroma von Minze passt gut dazu	115
Artischockenherzen	Roher Schinken, Oliven, Brot	5	Italienisches Schinken-brot	Besonders lecker mit Parmaschinken	115
Artischockenherzen	Lange Pasta, Basilikum oder Petersilie, Reibekäse, Olivenöl	15	Pasta mit Artischocken	Artischocken aus dem Glas schmecken etwas säuerlich. Olivenöl rundet den Geschmack ab	115
Dosentomaten	Rote Paprikaschote oder Grillpaprika (Glas); etwas Schärfe, z. B. Chilipulver	5 + 60 Kühlzeit	Geeiste Tomatensuppe	Für Eilige: Die Suppe mit 3 Eiswürfeln pürieren, dann entfällt die Kühlzeit	116
Dosentomaten	Fetakäse, Zwiebel; etwas Schärfe, z. B. Chili	15	Tomatensuppe mit Feta	Fetakäse in selbst gemachter Lake aufbewahren: auf 250 ml Wasser 1 EL Salz geben	116
Dosentomaten	Rote Paprikaschote, Frühlingszwiebeln, Zitrone; etwas Schärfe, z. B. Chilischote; Petersilie	5	Tomatensalsa	Sehr lecker zu Hackbällchen, Tortillachips oder als würzige Sauce für Pastasalat mit Mozzarella	116

Das ist immer im Haus: Salz, Pfeffer, Essig, Öl

Gemüse & Obst

Der Rest	Weitere Zutaten	Zeit in Minuten	Rezeptidee	Gut zu wissen	Rezept auf Seite
Dosentomaten	Tomatenmark, Aceto balsamico, Zucker, Olivenöl, Worcestersauce, Zwiebel	30	Tomatenketchup	Aromatischer und weniger süß als gekaufter Ketchup. Hält sich im Kühlschrank	116
Kidneybohnen	Paprikaschote, Walnusskerne, Olivenöl, Rucola	5	Appetizer	Auch sehr fein als Sandwichfüllung	116
Kidneybohnen	Räucherlachs, Olivenöl, Knoblauch oder Dill, Baguette	5	Crostini mit Bohnen und Lachs	Mit Dill wird's milder, mit Knoblauch würziger	116
Kidneybohnen	Reis, Zwiebel, Tomaten; etwas Schärfe, z. B. Chili; Ingwer, Zimtpulver, Kreuzkümmel	15	Indisches Reisgericht	Geht trotz längerer Zutatenliste fix	116
Riesenbohnen	Thunfisch aus der Dose, rote Zwiebel, Zitrone, Olivenöl	5	Thunfischsalat mit Bohnen	Kräuter-würzig mit Rosmarin, Basilikum oder Zitronenthymian	116
Riesenbohnen	Salami, Rosmarin, Knoblauch, Brot, Olivenöl	5	Italienischer Wurstsalat	Finocchio-Salami gibt dem Salat ein Fenchelaroma	117
Riesenbohnen	Brühe, Kartoffeln, Olivenöl, Petersilie	20	Bohnenragout	Das Ragout pürieren und als Süppchen servieren	117
Rote Bete	Schmant oder Joghurt, Brühe	10	Erfrischende Rote-Bete-Suppe	Schmeckt warm, lauwarm oder geeist	117
Rote Bete	Gemahlene Gelatine, Crème fraîche, Zitrone, Schnittlauch oder Meerrettich	5 + 120 Kühlzeit	Gelierte Rote Bete	Auch sehr gut: gegarte statt eingelegte Rote Bete; dann kräftiger würzen	117

Das ist immer im Haus: Salz, Pfeffer, Essig, Öl

Obst

Der Rest	Weitere Zutaten	Zeit in Minuten	Rezeptidee	Gut zu wissen	Rezept auf Seite
Ananasstücke	Butter, Zucker, Chilischote	10	Karamellisierte Ananas	Passt gut zu Geflügel oder Wokgemüse	117
Ananasstücke	Zitrone, Ingwer, Rosinen; etwas Schärfe, z. B. Chili	5	Blitz-Chutney	Fein zu Käse, Sandwiches und kaltem Braten	117
Ananasstücke	Kokosmilch, brauner Zucker oder Rum	5	Tropical Dessert	Ananasstücke vorher grillen, das intensiviert das Fruchtaroma	117
Ananasstücke	Limette, Ananassaft, Zucker	5 + 120 Kühlzeit	Ananassorbet	Selbst gemacht ohne Eismaschine	117
Ananasstücke	Fischfilet, Frühlingszwiebeln, Limette, Sojasauce	15	Schnelle Fischpfanne	Gute Ergänzung: Paprikaschoten, Zucchini, Möhren oder Sprossen	118
Apfelmus	Zitrone, Zimt- oder Kardamompulver, Pimentpulver	5	Würzige Apfelsauce	Schmeckt toll zu Schweinebraten, Schweinefilet und Wild, auch im Müsli	118
Apfelmus	Eier, Rosinen, Mehl, Backpulver, Zucker	5 + 20 Backzeit	Apfelmuffins	Ideales Öl für Muffins: geschmacksneutrales Sonnenblumenöl	118

Das ist immer im Haus: Salz, Pfeffer, Essig, Öl

Der Rest	Weitere Zutaten	Zeit in Minuten	Rezeptidee	Gut zu wissen	Rezept auf Seite
Apfelmus	Kekse, Joghurt, Beeren nach Geschmack	5	Schichtdessert mit Apfelmus	Brombeeren und Cranberrys, frisch oder getrocknet, schmecken gut	118
Banane, überreif	Joghurt (10 % Fett), Bio-Zitrone, Puderzucker, Muskatnuss	5 + 120 Gefrierzeit	Bananen-Joghurt-Eis	Fettarmer Joghurt wird nicht cremig genug; in dem Fall mit Sahne nachhelfen	118
Banane, überreif	Ei, Milch oder Buttermilch, Butter, Mehl, Backpulver, Schokolade	5 + 10	Bananenwaffeln	Noch aromatischer: Schokolade durch ½ TL Ahornsirup pro Waffel ersetzen	118
Banane, überreif	Eier, Schmant; Nüsse, z. B. Haselnuss- oder Walnusskerne; Zucker, Mehl, Backpulver	5 + 40 Backzeit	Bananenbrot	Erinnert an Sandkuchen und passt zu aromatischem Käse wie zu Vanilleeis. Perfekter Genuss: Warm servieren	118
Beeren, gezuckert	Vanillezucker, Orangenlikör oder Orangensaft	5 + 60 Kühlzeit	Eis-Beeren-Würfel	Erfrischend: in Drinks, Buttermilch oder im Mineralwasser	118
Beeren, gezuckert	Rotwein; Gelatine (rot oder weiß), gemahlen; Sahne	5 + 180 Kühlzeit	Beeren in Gelee	Tipp für Vegetarier: Gelatine durch Agar-Agar, ein pflanzliches Geliermittel, ersetzen	119
Beeren, gezuckert	Joghurt, Minze, Eiswürfel	5	Eis-Smoothie	Für Erwachsene: 2 EL Orangenlikör mitmixen	119
Beeren, gezuckert	Pfefferminzplättchen (z. B. After Eight), Löffelbiskuits, Mascarpone, Zitrone	5 + 60 Ruhezeit	Englisches Schichtdessert	Schmeckt schön frisch und minzig	119

Das ist immer im Haus: Salz, Pfeffer, Essig, Öl

Der Rest	Weitere Zutaten	Zeit in Minuten	Rezeptidee	Gut zu wissen	Rezept auf Seite
Beeren, gezuckert	Ei, Eiscreme, Butter, Milch, Mehl	10	Beerencrêpes mit Eiscreme	Vanille-, Schokoladen-, Orangen- oder Beereneis sind köstlich dazu	119
Datteln	Frischkäse oder Ziegenfrischkäse, Minze, Baguette, Pistazienkerne	10	Frischkäse-Dattel-Crostini	Ziegenfrischkäse schmeckt nicht so intensiv wie Ziegenkäse und harmoniert gut mit Süßem	119
Datteln	Couscous (Instant), Orange, Petersilie, Olivenöl, Ingwer oder Garam masala	10	Couscous-Dattel-Salat	Als Snack oder als Beilage zu Geflügel und Fisch	119
Datteln	Äpfel, Bio-Zitrone, Mandeln, Honig, Sahnequark	5 + 15 Backzeit	Bratapfel mit Quarkcreme	Mandeln beim Vorheizen im Ofen 5 Min. rösten, das macht sie intensiver im Geschmack	119
Feigen, überreif	Mandeln, Mascarpone oder Crème double	10	Feigenpüree	Sehr fein zu Käse oder Obstsalat. Eventuell mit Cream Sherry aromatisieren	119
Feigen, überreif	Rosinen, Walnusskerne, Ingwer, Zimtpulver, Zucker	5 + 15 Kochzeit	Feigen-Chutney	Gut zu Käse, besonders lecker zu Weichkäse wie Camembert oder cremigen Sorten. Rosinen eventuell vorher in Weißwein quellen lassen	120
Feigen, überreif	Amarettinikekse, Zitrone, Zitronensaft, Brandy oder Orangenblütensirup, Puderzucker	10	Gratinierte Feigen	Orangenblütensirup gibt es in türkischen Lebensmittelläden	120

Das ist immer im Haus: Salz, Pfeffer, Essig, Öl

Gemüse & Obst

Der Rest	Weitere Zutaten	Zeit in Minuten	Rezeptidee	Gut zu wissen	Rezept auf Seite
Kokosnuss, frisch	(Bourbon-)Vanilleeis	5	Ruckzuck-Kokoseis	Noch feiner: Die Kokosraspel mit etwas Vanillemark aromatisieren	120
Kokosnuss, frisch	Getrocknete Feigen, Nüsse, Bitterschokolade	5 + 30 Ruhezeit	Kokoskonfekt	Mit zerlassener weißer Schokolade oder weißer Glasurschrift dekorieren	120
Kokosnuss, frisch	Hühnerbrustfilet, Fischsauce, Zitrone	20	Thai-Hähnchen	Fischsauce ersetzt in der asiatischen Küche das Salz; Indonesier würzen damit sogar Obstsalat!	120
Kompott wie Rhabarber, Pflaume, Stachelbeere	Kekse, Schmant, Zimtpulver, Orange	5 + 20 Kühlzeit	Krümel-Kompott	Schmeckt auch mit Haferkeksen sehr gut	120
Kompott wie Rhabarber, Pflaume, Stachelbeere	TK-Blätterteig, Mascarpone oder Crème double, Ei, Zimtpulver	5 + 15 Backzeit	Süße Päckchen	Das Eiweiß entweder einfrieren oder für Baiser (s. S. 135) verwenden	120
Obstsalat, Rest	Eiweiße, Mascarpone oder Schmant, Zitrone, Puderzucker, Kartoffelstärke	5 + 60 Backzeit	Baiser mit Fruchtfüllung	Auf großen Desserttellern anrichten und mit viel Puderzucker bestreuen	120
Obstsalat, Rest	Joghurt, Bio-Zitrone, Honig oder brauner Zucker, Eiswürfel	5	Obstshake	Am leckersten eisgekühlt	121

Das ist immer im Haus: Salz, Pfeffer, Essig, Öl

Fleisch, Geflügel & Fisch

Alle angegebenen Reste beziehen sich auf gegartes Fleisch und
Geflügel und gegarten frischen Fisch.

Fleisch

Der Rest	Weitere Zutaten	Zeit in Minuten	Rezeptidee	Gut zu wissen	Rezept auf Seite
Schnitzel (Schwein oder Kalb)	Robuster Salat, z. B. Romana, Radicchio oder Chicorée; rote oder gelbe Paprikaschote, Maiskölbchen	10	Schnitzel-Salat	Zarte Blattsalate sind nicht so geeignet, sie fallen wegen der warmen Fleischstreifen schnell zusammen	121
Schnitzel (Schwein oder Kalb)	Zwiebel, Rotwein, Rosinen, Brot oder Brötchen	10	Sandwich mit Schnitzelstreifen	Wer Rosinen nicht mag, würzt etwas stärker, etwa mit Thymian oder Kapern	121
Schnitzel (Schwein oder Kalb)	Kurze Pasta, Frischkäse, Oliven, Oregano	15	Pasta in Olivencremesauce	Frischkäse gibt es in vielen Aroma-Varianten von Kräuter bis Ziege – es passt alles gut	121
Schnitzel (Schwein oder Kalb)	Zucchino, Olivenöl, frische Kräuter, Knoblauch, Brötchen oder Baguette	10	Zucchino-Panino	Für mehr Geschmack mit frischen Kräutern würzen, z. B. mit Majoran, Kresse oder mit den zarten Blättern des Staudenselleries	121
Schnitzel (Schwein oder Kalb)	Grillpaprika (Glas), Dosentomaten, Couscous (Instant), Zitrone, Zwiebel; etwas Schärfe, z. B. Harissa	15	Tomaten-Couscous-Pfanne	Wer etwas Zeit hat, kann die Grillpaprika im Backofen selbst machen	121

Das ist immer im Haus: Salz, Pfeffer, Essig, Öl

Der Rest	Weitere Zutaten	Zeit in Minuten	Rezeptidee	Gut zu wissen	Rezept auf Seite
Schnitzel paniert (Schwein oder Kalb)	Zitrone, Kapern, Butter, Brötchen oder Baguette	5	Schnitzelsandwich mit Zitronenbutter	Ist es eine Bio-Zitrone? Etwas Zitronenschale schmeckt gut dazu	122
Schnitzel paniert (Schwein oder Kalb)	Avocado, Tomate, Brötchen oder Baguette	5	Avocadosandwich	Am besten schmecken die Avocados mit schwarzer, noppiger Schale	122
Steak (Rind)	Blauschimmelkäse, Brot oder Brötchen; frische Kräuter, z. B. Minze oder Petersilie	5	Steaksandwich	Für Erwachsene: Den Blauschimmelkäse mit einem Schuss Portwein oder Rotwein verrühren	122
Steak (Rind)	Paprikaschote, Frühlingszwiebeln, Tortillas oder Ciabatta, Kreuzkümmel; etwas Schärfe, z. B. Chili	5	Tortilla mit Paprika-Steak-Füllung	Die Tortillas lassen sich gut einfrieren, am besten in der Verpackung	122
Steak (Rind)	Tomaten (frisch oder Dose), lange Pasta, Mozzarella, Thymian	15	Pasta mit Tomaten und Steak	Mozzarella gibt es preiswert aus Kuhmilch, etwas teurer aus der seltenen Büffelmilch. Dann schmeckt er sehr aromatisch und passt prima dazu	122
Steak (Rind)	Asia-Nudeln, Sojasauce, Brühe, Schnittlauch	10	Asia-Nudelsüppchen	Gesundes Fastfood: minimaler Aufwand	122
Schweinebraten	Saure Sahne; etwas Schärfe, z. B. rosenscharfes Paprikapulver; Silberzwiebeln (Glas), Senf, Brötchen	5	Bratensandwich	Senf ist in vielen Aromavarianten zu haben. Zu diesem Sandwich passt sehr gut der ganz einfache Senf	122

Das ist immer im Haus: Salz, Pfeffer, Essig, Öl

Der Rest	Weitere Zutaten	Zeit in Minuten	Rezeptidee	Gut zu wissen	Rezept auf Seite
Schweinebraten	Ingwer (frisch oder Glas), Sojasauce, chinesische Nudeln; etwas Schärfe, z. B. Szechuanpfeffer	15	Stir-Fry mit Nudeln	Ingwerpüree im Glas gibt es in Supermärkten; entweder im Asia-Regal oder bei Senf- und Essigsorten	123
Schweinebraten	Reis und/oder Wildreis, Frühlingszwiebeln, Paprikaschote (rot)	25	Gemüsereis mit Schweinefleisch	Der besondere Kick: das nussige Aroma, die exotische Form und Farbe von Wildreis. Auch als Mix mit Standardreis erhältlich	123
Schweinebraten	Möhren, Schalotten, Rotweinessig	20	Möhren mit Zwiebeln und Braten	Schweinefleisch verträgt intensive Aromaten, z. B. Rotweinessig	123
Schweinebraten	Glasnudeln, Frühlingszwiebeln, Hoisin-Sauce oder Sojasauce und Zitrone	10 + 30 Marinierzeit	Glasnudelsalat mit Braten	Hoisin-Sauce ist süß-pikant; perfekt für Schweinefleischgerichte	123
Schweinelende	Beerengelee, Rosmarin, Thymian, Butter, Brot	10	Frucht-Fleisch-Sandwich	Säuerlich-bittere Aromen von Preiselbeeren oder Cranberrys machen das Sandwich pikanter; fruchtiger wird's mit Johannis- oder Brombeergelee	123
Schweinelende	Sauerkirschen (Glas), Radicchio oder Salatherzen, Reis	15	Reis im Salatblatt	Auch als Fingerfood oder Amuse-Gueule sehr interessant	124

Das ist immer im Haus: Salz, Pfeffer, Essig, Öl

Der Rest	Weitere Zutaten	Zeit in Minuten	Rezeptidee	Gut zu wissen	Rezept auf Seite
Schweinelende	Paprikaschoten (rot); etwas Schärfe, z. B. Chilischote; Knoblauch, lange Pasta	15	Paprikapasta	Der kleine Unterschied zwischen roten und grünen Paprikaschoten: Grüne sind jung und werden unreif geerntet; die roten Paprika bleiben am Strauch, bis sie reif und süßer sind	124
Rinderbraten	Meerrettich (frisch oder Glas), Schmant, Petersilie, Brötchen oder Brot	5	Rindfleischsandwich mit Meerrettich	Frischer Meerrettich lässt sich im Ganzen und geschält gut einfrieren	124
Rinderbraten	Gemüsezwiebel, Mehl, Vermouth, Weißwein oder Brühe, Tomatenmark; etwas Schärfe, z. B. edelsüßes Paprikapulver	35	Zwiebelgemüse mit Rindfleisch	Trockener Vermouth eignet sich am besten	124
Rinderbraten	Zwiebel, Champignons, lange Pasta, Schmant, Thymian	15	Pasta mit Rindfleisch und Pilzen	Supermärkte bieten Thymian in verschiedenen Sorten an; Zitronenthymian passt zu vielen Gerichten, die dekorativen Sorten Kümmelthymian und Quendel schmecken zu Herzhaftem	124
Kalbsbraten	Brühe, Suppennudeln, Muskatnuss, Schnittlauch	15	Bratensüppchen	Brühen in Bio-Qualität bieten mittlerweile auch Supermärkte an	124

Das ist immer im Haus: Salz, Pfeffer, Essig, Öl

Fleisch, Geflügel & Fisch

Der Rest	Weitere Zutaten	Zeit in Minuten	Rezeptidee	Gut zu wissen	Rezept auf Seite
Kalbsbraten	Thunfisch, Sardellen, Mayonnaise, Kapern, Zitrone	5 + 120 Marinierzeit	Vitello tonnato	Besonders fein mit selbst gemachter Mayonnaise (s. S. 134)	125
Kalbsbraten	Dicke Bohnen oder Erbsen (tiefgkühlt oder frisch), breite Pasta, Rucola, Reibekäse	15	Pasta mit Gemüse und Kalbfleisch	Frische dicke Bohnen aushülsen, sonst geht ihr feines Aroma verloren. Zum Lösen der Bohnenkerne die Bohnen überbrühen, 2 Min. stehen lassen und mit den Fingerspitzen auf ein Hülsenende drücken	125
Lammbraten	Couscous (Instant), getrocknete Aprikosen, Zitrone; etwas exotische Würze, z. B. Garam masala oder Ras-el-hanout	15	Würziger Couscous-Salat	Exotische Aromen vorsichtig dosieren! Sie überlagern die harmonische Kombination aus süßen Aprikosen und Fleisch	125
Lammbraten	Fladenbrot, Salatgurke, Joghurt, Knoblauch, Dill	5	Lammburger	Ist das Fleisch gut gewürzt, braucht der Burger keine Aromen. Sonst: Thymian oder Kreuzkümmel	125
Lammbraten	(TK-)Pizzateig, Tomatensauce, Fetakäse, Oregano	5 + 15 Backzeit	Pizza mit Feta und Lammstreifen	Der Belag schmeckt auch als Füllung von Blätterteigtaschen. Die brauchen dann mehr Hitze (200°)	125
Lammbraten	Zucchino, Paprikaschote, Zwiebel, Knoblauch	25	Lamm-Gemüse-Snack	Als Beilage sind frisches Fladenbrot oder Reis perfekt. Im Sommer wird daraus ein leichter Imbiss	125

Das ist immer im Haus: Salz, Pfeffer, Essig, Öl

Der Rest	Weitere Zutaten	Zeit in Minuten	Rezeptidee	Gut zu wissen	Rezept auf Seite
Lammbraten	Artischockenherzen (Glas), Petersilie, Knoblauch, Zitrone	5	Lamm mit Artischockenmarinade	Aus diesen Zutaten lässt sich mit etwas Öl auch ein Pastasalat machen	126
Lammbraten	Rote Bete (gegart oder frisch), rote Linsen, Brühe, Joghurt, Minze oder Koriandergrün	5 + 40 Garzeit	Rote-Bete-Curry	Der Saft der Roten Beten färbt die Finger, deshalb beim Vorbereiten Küchenhandschuhe tragen. Rote Linsen gibt es im Bioladen oder Reformhaus, oft auch im Supermarkt	126
Lammbraten	Reis, Rosmarin, Paprikaschote, Chilisauce	20	Reisbällchen	Reisbällchen formen sich leicht mit einem Melonenkugelausstecher, der in kaltes Wasser getaucht wird	126
Gulasch/Geschnetzeltes	Tortillafladen; fester Salat, z. B. Eisbergsalat oder Weißkohl; Joghurt, Reibekäse	5	Gefüllte Tortillafladen	Überbacken auch sehr fein: Gefüllte Tortillas mit Reibekäse bei 190° ca. 5 Min. überbacken	126
Gulasch/Geschnetzeltes	Rucola oder Brunnenkresse, Eier, Butter, Brot oder Toast	10	Toast mit Spiegelei	Das pfeffrige Aroma von Rucola oder Brunnenkresse gibt dem Burger eine ungewöhnliche Note	126
Gulasch/Geschnetzeltes	Salat, z. B. Romana- oder Eisbergsalat, Tomaten, hart gekochte Eier; exotisches Gewürz, z. B. Cajungewürz; Baguette oder Fladenbrot	15	Riesensandwich	Cajungewürz enthält unterschiedliche Gewürze, meist sind aber Chili, Senf, Selleriesaat, Pfeffer, Chili, Knoblauch und Zwiebeln dabei	126

Das ist immer im Haus: Salz, Pfeffer, Essig, Öl

Fleisch, Geflügel & Fisch

Der Rest	Weitere Zutaten	Zeit in Minuten	Rezeptidee	Gut zu wissen	Rezept auf Seite
Gulasch/Geschnetzeltes	Tomatenfruchtfleisch (aus der Packung oder frisch); kurze Pasta, z. B. Farfalle; etwas Schärfe, z. B. rosenscharfes Paprikapulver; saure Sahne	15	Pasta mit würziger Fleischsauce	Tomatenfruchtfleisch ganz einfach herstellen: Tomaten halbieren, Kerne und Membranen mit den Fingern herausdrücken, das Fruchtfleisch fein würfeln	127
Gulasch/Geschnetzeltes	Kartoffeln, Sahne oder Milch	5 + 45 Backzeit	Kartoffel-Fleisch-Gratin	Das schmeckt auch lauwarm	127
Bratwurst	Pizzateig (tiefgekühlt oder aus der Packung), Tomatensauce oder frische Tomaten, Zwiebel, Reibekäse, Majoran	5 + 15 Backzeit	Pizza mit Bratwurststückchen	Die italienische Variante (Salsiccia) der Bratwurst wird häufig gebraten oder gesotten als Pizzabelag verwendet	127
Bratwurst	Lange Pasta, z. B. Spaghetti; Champignons, Knoblauch, Zwiebel; Reibekäse, z. B. Parmesan	15	Pasta mit Bratwurststückchen	Wenn die Bratwurst nicht sehr gewürzt ist, passt etwas Majoran oder Schärfe wie Chili gut dazu	127
Bratwurst	Grillpaprika (Glas), Fenchel; etwas Schärfe, z. B. Chilisauce; Brot	10	Würstchenstulle	Chilisauce gibt es im Supermarkt und in großer Auswahl im Asia-Laden: Besonders lecker ist die Thai-Marke Sriracha	127

Das ist immer im Haus: Salz, Pfeffer, Essig, Öl

Geflügel

Der Rest	Weitere Zutaten	Zeit in Minuten	Rezeptidee	Gut zu wissen	Rezept auf Seite
Brathühnchen oder Hähnchenbrustfilet	Brühe, Frühlingszwiebeln, Eier, Sojasauce	5	Fixes Geflügelsüppchen	Sojasauce würzt Brühen fein und ersetzt das Salz	127
Brathühnchen oder Hähnchenbrustfilet	Pesto (Glas); Schnittkäse, z. B. Butterkäse; Brötchen	25	Chicken-Sandwich	Das mögen auch Kids	128
Brathühnchen oder Hähnchenbrustfilet	Bulgur, Staudensellerie, Oliven, hart gekochte Eier, Zitrone	5 + 15 Backzeit	Bulgursalat	Instant-Couscous ist die schnellere Alternative. Bulgur hat eine knackigere Konsistenz	128
Brathühnchen oder Hähnchenbrustfilet	TK-Blätterteig, Erbsen (tiefgekühlte oder frische), Schmant oder Frischkäse, Estragon	10 + 15 Backzeit	Geflügeltäschchen	Blätterteig lässt sich kinderleicht backen: Er braucht einfach nur viel Hitze. Beim Vorbereiten können die Kids mitmachen	128
Brathühnchen oder Hähnchenbrustfilet	Eier, Frühstücksspeck, Tomate, Mayonnaise, Brot	5	Club-Sandwich	Pochierte Eier sind der Klassiker. Wer sich nicht rantraut, bereitet die Eier als Spiegeleier zu	128
Putenschnitzel	Salbei (frisch oder getrocknet), Räucherschinken, Butter, Brötchen	5 + 30 Ruhezeit	Saltimbocca-Brötchen	Salbei zurückhaltend dosieren, sonst schmeckt es nach Hustenbonbon	128

Das ist immer im Haus: Salz, Pfeffer, Essig, Öl

Der Rest	Weitere Zutaten	Zeit in Minuten	Rezeptidee	Gut zu wissen	Rezept auf Seite
Putenschnitzel	Staudensellerie, Apfel, Zitrone; Nüsse, z. B. Walnusskerne oder Mandeln; Schmant	5	Selleriesalat mit Putenstreifen	Schön servieren: in Gläsern, Sektschalen oder Salatblättern	128
Putenschnitzel	Grüne Bohnen, Tomaten (Dose oder frisch), Zwiebel; frische Kräuter, z. B. Petersilie oder Bohnenkraut	25	Grüner Bohneneintopf	Bohnenkraut macht Bohnen leichter verdaulich, passt aber auch zu Lamm und besonders zu Geflügel	129
Entenbrust	Fester Salat, z. B. Romanasalat; Brot, Honig, Olivenöl	10	Salat mit Entenbruststreifen	Honig lässt sich am besten flüssig dosieren; festen Honig kurz erwärmen	129
Entenbrust	Couscous (Instant), Rucola, Paprikaschote, Aceto balsamico; etwas Schärfe, z. B. Chilipulver	15	Lauwarmer Couscous-Salat	Getrocknete Chilis schmecken als Pulver fruchtiger als frische Chilis	129
Entenbrust	Mango, Orange, Honig, Pinienkerne	5	Feiner Entenbrustsalat	Pinienkerne wie alle Nüsse am besten einfrieren, dann werden sie nicht ranzig	129
Gänse-/Entenbraten	(Blut-)Orangen, Butter, Beerengelee, Baguette	10	Geflügelcanapés	Säuerliches Gelee aus Preisel- oder Johannisbeeren passen am besten	129
Gänse-/Entenbraten	Schalotten, Butter, Thymian, Walnusskerne, Portwein oder Sojasauce	10	Feiner Brotaufstrich	Im Kühlschrank mit einer dünnen Schicht Öl oder Schmalz aufbewahren	129
Gänse/Entenbraten	Knollensellerie, Kartoffeln, Milch	25	Püree mit Bratenstreifen	Sellerie in Milch kochen; so behält er seine Farbe	130

Das ist immer im Haus: Salz, Pfeffer, Essig, Öl

Frischfisch

Der Rest	Weitere Zutaten	Zeit in Minuten	Rezeptidee	Gut zu wissen	Rezept auf Seite
Fischfilet, z. B. Kabeljau	(Mini-)Tomaten, Olivenöl, Zitrone, Brötchen	15	Fischbrötchen mit Tomatensauce	Mit frischen Kräutern extra lecker, z. B. mit Basilikum, Dill oder Minze	130
Fischfilet, z. B. Scholle	Senf, Butter, Sahne, Eier und Eigelb	15	Eier und Fisch in Senfsauce	Eiweiß lässt sich gut einfrieren (s. S. 57)	130
Fischfilet, z. B. Rotbarsch	Feldsalat, Pfefferkörner, Olivenöl, Weinessig, Schalotten	10	Feldsalat mit Pfefferfischdressing	Schöne optische Ergänzung: dunkler Feldsalat vom Gemüsehändler	130
Fischfilet, z. B. Seelachs	Petersilie, Zitrone, Olivenöl, Knoblauch, Brot	5	Salsa-verde-Fischbrote	Salsa verde mit mehr Knoblauch zubereiten, denn Seelachs kann Würze vertragen	130
Lachs	Bio-Zitrone; frische Kräuter, z. B. Dill oder Basilikum; Olivenöl, lange Pasta	15	Zitronenpasta	Zitronenschale enthält ätherisches Öl, das das typische Aroma der Zitrone ausmacht. Es passt auch sehr gut zu Fisch	130
Lachs	Rote Bete (gegart), Meerrettich (frisch oder Glas), Zitrone, Schmant	10	Lachssalat	Vom Rheinischen Heringssalat abgeguckt; nur mit weniger Kalorien	131

Das ist immer im Haus: Salz, Pfeffer, Essig, Öl

49

Der Rest	Weitere Zutaten	Zeit in Minuten	Rezeptidee	Gut zu wissen	Rezept auf Seite
Lachs	Avocado, Zitrone; frische Kräuter, z. B. Petersilie oder Koriander; etwas Schärfe, z. B. Cayennepfeffer; Baguette oder Schwarzbrot	10	Lachs-Canapés	Petersilie mag eigentlich jeder. An das etwas seifige Korianderaroma muss man sich erst gewöhnen, gibt aber den Aroma-Kick	131
Lachs	Kartoffeln, Olivenöl, Weißwein oder Zitronensaft, Minze	25 + 20 Marinierzeit	Kartoffel-Lachs-Salat	Minze passt sehr gut zu Kartoffeln. Wer sie nicht mag, nimmt den Klassiker Dill. Raffinierter wird's mit der asiatischen Shisokresse (oder Shisoblatt). Sie ist mit Minze und Salbei verwandt und im Asia-Laden erhältlich	131
Lachs	Mehligkochende Kartoffeln, Eier, Sahne, Schnittlauch	25	Lachskroketten	Raffiniert: als lauwarmes Fingerfood	131
Lachs	Lauch, Butter, Würzöl oder Sahne, Thymian	15	Lauchgemüse mit Lachs	In kleinen Schalen oder großen Porzellanlöffeln (Asia-Laden) anrichten	131
Lachs	Kapern, Räucher- oder Graved Lachs, Zitrone, Calvados oder Brühe	5	Lachscreme mit Kapern	Als Crostini auf geröstetem Baguette und auf herzhaftem Graubrot	131

Das ist immer im Haus: Salz, Pfeffer, Essig, Öl

Fischerzeugnisse

Der Rest	Weitere Zutaten	Zeit in Minuten	Rezeptidee	Gut zu wissen	Rezept auf Seite
Räucherforelle	Frischkäse, Sojasauce, Brot	10	Crostini mit Forellenmus	Mit 3 EL Sahnequark zum Dip verlängern	131
Räucherforelle	Grapefruits, Schmant, Kresse	20	Grapefruit-Salat	Auch sehr lecker: Ein Mix aus der milden Rosé-Grapefruit und der etwas bitteren gelben Grapefruit	132
Räucherforelle	Chicorée, Apfel, Zitrone, Joghurt	5	Apfel-Chicorée-Salat	Kann auch in größeren Salatblättern serviert werden	132
Räucherforelle	Kurze Pasta, Champignons, Sahne, Schnittlauch, Zitrone	15	Pasta mit Räucherforelle und Champignons	Zu Räucherfisch passen gut sahnige Saucen und ein Schuss Zitronensaft	132
Räucherforelle	Eier, Butter; frische Kräuter, z. B. Dill oder Petersilie	15	Kräuterröllchen mit Räucherforelle	Besonders locker werden die Pfannkuchen mit einem Schuss Mineralwasser	132
Matjes	Gewürzgurke, Quark, (rote) Zwiebel, Brot	5	Matjes-Crostini	Roggen- oder Schwarzbrot schmeckt gut dazu	132
Matjes	Rotwein, Kartoffeln, Zwiebel, Butter	15	Rotwein-Matjes	Da kann es auch das letzte Glas vom Vorabend sein	132

Das ist immer im Haus: Salz, Pfeffer, Essig, Öl

Der Rest	Weitere Zutaten	Zeit in Minuten	Rezeptidee	Gut zu wissen	Rezept auf Seite
Matjes	Kartoffeln, Dill, Senf, Honig oder Zucker	5 + 20 Kochzeit	Kartoffel-Matjes-Salat	Dill lässt sich leicht aus Samen ziehen. Er passt zu vielen Fischgerichten	132
Dosenthunfisch	Paprikaschote (rot oder grün), Chilisauce oder Pesto (Glas), Brot	10	Sandwich mit Thunfisch	Zum Mitnehmen: In Frischhaltefolie wickeln und am Arbeitsplatz kalt stellen	132
Dosenthunfisch	Avocado, Sojasauce, Zitrone, Olivenöl; etwas Schärfe, z. B. frische Chili	5	Avocado-Thunfisch-Salat	Frische Chilis lassen sich prima einfrieren. Bei Bedarf unaufgetaut mit einer Reibe zerkleinern	133
Dosenthunfisch	Artischockenherzen (Glas), Zitrone, Knoblauch, Petersilie	5	Thunfisch-Artischocken-Creme	Passt gut aufs Brot, zu Fisch, zum Dippen von Gemüsesticks	133
Dosenthunfisch	Champignons, Walnusskerne oder Kapern, Knoblauch	10	Thunfisch-Champignon-Creme	Fein zu Gemüsefüllungen in Pita- und Fladenbrot	133
Dosenthunfisch	Kartoffeln, grüne Bohnen, Eier, getrocknete Tomaten in Öl, Olivenöl, Aceto balsamico	20	Bohnen-Kartoffel-Salat mit Thunfisch	Gut zu ergänzen: mit Tomaten, Anchovis, Oliven und Romanasalat	133
Dosenthunfisch	Zitrone, Weißkohl, Möhren, Frühlingszwiebeln, saure Sahne	10	Rohkostsalat mit Thunfisch	Rohkost mit wertvollen Omega-3-Fettsäuren, diese enthält auch der Dosenthunfisch	133

Das ist immer im Haus: Salz, Pfeffer, Essig, Öl

Der Rest	Weitere Zutaten	Zeit in Minuten	Rezeptidee	Gut zu wissen	Rezept auf Seite
Dosenthunfisch	Paprikaschoten (rot, gelb, grün), Zucchino, Zwiebel, Olivenöl, Zitrone, Rosmarin	20	Gemüsekebabs mit Thunfischdressing	Holzspieße vor dem Auffädeln in Wasser einweichen; dann gleiten die Gemüsestückchen später mühelos herunter	133
Ölsardinen	Dosenbohnen, z. B. Kidney-, Cannellini- oder Borlottibohnen; Zwiebel, Zitrone, Thymian, Brot	10	Bohnen-Sardinen-Crostini	Mit Quark oder Joghurt wird aus dem Brotbelag ein Dip zu Gemüsesticks	134
Ölsardinen	Mehligkochende Kartoffeln, Senf, Knoblauch; etwas Schärfe, z. B. Peperoncino	5 + 30 Backzeit	Spanische Ofenkartoffeln	Püriert auch als sättigender Brotaufstrich	134
Ölsardinen	TK-Blätterteig, Tomaten, Zitrone; etwas Schärfe, z. B. Peperoncino	5 + 15 Backzeit	Tomatentarte mit Ölsardinen	Blätterteig wird auf dem Ofenboden gebacken, damit der Belag den Teig nicht durchweicht	134

Das ist immer im Haus: Salz, Pfeffer, Essig, Öl

Eier, Milchprodukte & Käse

Eier

Der kleine Rest	Weitere Zutaten	Zeit in Minuten	Rezeptidee	Gut zu wissen	Rezept auf Seite
Eigelb, frisch	Weißweinessig, Senf	5	Mayonnaise	Mit frischem Eigelb und direkt vor dem Verbrauch, nie auf Vorrat zubereiten	134
Eigelb, frisch	Spaghetti, Butter; etwas Schärfe, z. B. rosenscharfes Paprikapulver	15	Butter-Spaghetti	Im Kühlschrank halten sich Eigelbe mit kaltem Wasser abgedeckt 2 Tage. Oder: Mit wenig Zucker oder Salz verschlagen und einfrieren; so behalten sie ihre Konsistenz	134
Eigelb, frisch	Parmesan, Butter, Mehl	10 + 30 Ruhezeit	Selbst gemachte Pasta	Pasta schmeckt am besten mit einer einfachen Sauce oder Parmesan und Butter	134
Eigelb, frisch	Schokolade, Sahne, (Vanille-)Zucker	5 + 120 Kühlzeit	Mousse au Chocolat	Milch- oder Bitterschokolade sind ebenso lecker wie aromatisierte Sorten	134
Eigelb, frisch	Sahne, Zucker, Speisestärke	10 + 120 Kühlzeit	Crème brûlée	Blitzvariante des beliebten Klassikers ohne ein aufwendiges Gerät	135

Das ist immer im Haus: Salz, Pfeffer, Essig, Öl

Der kleine Rest	Weitere Zutaten	Zeit in Minuten	Rezeptidee	Gut zu wissen	Rezept auf Seite
Eiweiß	Nüsse, z. B. Haselnuss- oder Walnusskerne, Pekannüsse oder Mandeln; Rosmarin, Zucker	10 + 10 Backzeit	Ofenwarme Knabbernüsse	Eiweiße halten sich im Kühlschrank einen Tag und lassen sich über mehrere Monate einfrieren	135
Eiweiß	Gin, Triple Sec, Grenadinesirup, Zitrone	5	Boxcar (1930er-Cocktail)	Barkeeper plustern mit Eiweiß viele Drinks auf. Dazu passen gut ofenwarme Knabbernüsse (s. S. 135)	135
Eiweiß	Puderzucker oder Mandelblättchen, Kakaopulver, Zucker	5 + 90 Backzeit	Baisers	Lassen sich gut aufbewahren: In der Plastikdose werden sie etwas weich, offen gelagert bröselig	135
Eiweiß	Vollmilch, feinster Zucker, Zimtpulver, Vanillearoma, Schokolade	10	Schnee-Eier	Lassen sich am besten mit Eiweiß zubereiten, das schon etwas älter ist	135
Eiweiß	Mandeln, Zucker, Oblaten	5 + 30 Backzeit	Schaum-Makronen	Auch fein: Haselnüsse anstelle von Mandeln oder zarte Haferflocken und Nüsse zu gleichen Teilen	135
Eiweiß	Bitterschokolade, Puderzucker, Zucker	5 + 10 Backzeit	Schokoladensoufflé	Ganz ohne Eigelb – ist also locker und nicht fett	136
Eiweiß	Zucchino; Reibekäse, z. B. Parmesan; Zwiebel, Petersilie	10	Weißes Omelett	Cholesterinfrei: Gesundheitsbewusste schwören auf eigelbfreies Omelett	136

Das ist immer im Haus: Salz, Pfeffer, Essig, Öl

Eier, Milchprodukte & Käse

Der kleine Rest	Weitere Zutaten	Zeit in Minuten	Rezeptidee	Gut zu wissen	Rezept auf Seite
Eier, hart gekocht	Pesto (Glas), Schmant, Pinienkerne	5	Pesto-Eier	Die machen sich auch gut auf einem Büfett	136
Eier, hart gekocht	Pfeffer- oder Senfkörner, Lorbeerblätter	10 + 24 Std. Marinierzeit	Sol-Eier	Das Grundrezept lässt sich vielseitig abwandeln: mit Chilischoten, ganzen Zwiebelschalen, Kräutern wie Thymian oder Piment-körnern	136
Eier, hart gekocht	Gewürzgurken oder Cornichons, Schnittlauch oder Dill, Mayonnaise und/oder Schmant	5	Eiersalat	Modernere Variante: Eiersalat mit Speckwürfeln, Staudensellerie und Gartenkresse	136
Eier, hart gekocht	Oliven; etwas Schärfe, z. B. edelsüßes Paprika-pulver; Quark	5	Brotaufstrich mit Ei	Schmeckt auch mit gefüllten Oliven wie Mandeln, Fisch oder Paprika	136
Eier, hart gekocht	Spargel, weiß oder grün, Butter	20	Spargel mit Mimosen-eiern	Hart gekochte Eier halten sich 5 Tage im Kühl-schrank	136
Eier, hart gekocht	Artischockenherzen, roher Schinken, Petersilie, Oli-venöl, Brot	10	Artischockensalat mit Ei	Ohne Brot auch die Grundlage für einen Salat mit kurzen Pasta (z. B. Penne oder Orecchiette)	136
Eiersalat	Frühstücksspeck oder Speckwürfel, Rucola, Brot	5	Picknick-Sandwich	Fürs Picknick: Sandwich erst in Frischhaltefolie wickeln, dann in Butterbrotpapier	137

Das ist immer im Haus: Salz, Pfeffer, Essig, Öl

Der kleine Rest	Weitere Zutaten	Zeit in Minuten	Rezeptidee	Gut zu wissen	Rezept auf Seite
Eiersalat	Avocado, Alfalfasprossen	5	Avocadosalat	Alfalfasprossen haben es in sich: Sie sind eisen- und vitaminreich	137
Eiersalat	Staudensellerie, Kapern-(äpfel)	10	Gefüllte Selleriestangen	Auch zum Mitnehmen: Selleriestangen in Sticks schneiden; Salat und Sticks getrennt verpacken	137
Eiersalat	Champignons, Kerbel oder Rucola; etwas Schärfe, z. B. rosenscharfes Paprikapulver	10	Gefüllte Champignons	Lassen sich gut auf dem Grill oder in der Pfanne zubereiten	137
Pfannkuchen	Brühe, Schnittlauch	10	Flädlesuppe	Ein intensives Würzöl (Kürbiskern-, Haselnuss-, Walnussöl) passt dazu	137
Pfannkuchen	Hackfleisch oder Mett, Tomatensauce oder Tomaten aus der Packung, Zwiebel; etwas Schärfe, z. B. Chilipulver	20	Fleischpfannkuchen	Am leckersten ist Schweinehackfleisch; Rinderhack kann leicht zu trocken werden	137
Pfannkuchen	Müsli, Beeren (frisch oder tiefgekühlt), Joghurt, Butter, Honig	10	Warme Müslipfannkuchen	Zum Genießen: beim entspannten Sonntagsfrühstück oder Brunch	137
Pfannkuchen	Orangenlikör oder Orangenblütenwasser, Orange, Joghurt, Butter, Puderzucker oder brauner Zucker	20	Orangenpfannkuchen	Orangenblütenwasser gibt es in der Apotheke oder beim türkischen Lebensmittelhändler	138

Das ist immer im Haus: Salz, Pfeffer, Essig, Öl

Eier, Milchprodukte & Käse

Milchprodukte

Der kleine Rest	Weitere Zutaten	Zeit in Minuten	Rezeptidee	Gut zu wissen	Rezept auf Seite
Buttermilch	Steakpfeffer, Eiswürfel	5	Lassi	Lassi schmeckt auch süß, z. B. mit Mangopüree oder Rosenwasser	138
Buttermilch	Zwiebel; frische Kräuter wie Petersilie, Schnittlauch; etwas Schärfe, z. B. Cayennepfeffer	5	Marinade für Fleisch und Geflügel	Macht Fleisch und Geflügel superzart und frisch im Geschmack	138
Buttermilch	Eiweiß, Mehl, Butter, Zucker	5 + 75 Ruhe- und Backzeit	Buttermilchcracker	Edle Variante: Mit Fleur de Sel (die Salzblume, die sich bei der Salzgewinnung als Kruste bildet und mit dem Rechen abgezogen wird) oder einem anderen Edelsalz (Maldon, Halen Mòn, Himalaya) bestreuen	138
Buttermilch	Eier, Mehl, Backpulver, Zucker, Zimtpulver	5 + 15 Backzeit	Muffins	Sie schmecken ohne oder mit Beeren sehr fein; ganz klassisch mit Blaubeeren	138
Buttermilch	Ei, Butter, Mehl, Backpulver, Zucker	5 + 70 Ruhe- und Backzeit	Scones	Sie schmecken auch mit Rosinen sehr lecker und am besten ganz frisch	138

Das ist immer im Haus: Salz, Pfeffer, Essig, Öl

Der kleine Rest	Weitere Zutaten	Zeit in Minuten	Rezeptidee	Gut zu wissen	Rezept auf Seite
Buttermilch	Blauschimmelkäse, Rote Bete (gegart), Brühe, Brot, Eiswürfel	10	Geeiste Rote-Bete-Suppe mit Crôutons	Schnell geeist: Mit 2 Eiswürfeln pro Portion pürieren, das geht fix und verfeinert die geschmacksintensiven Zutaten	138
Crème fraîche	Tomaten, Basilikum, Olivenöl	5 + 60 Backzeit	Ofengetrocknete Tomaten mit Crème fraîche	Das Ofentrocknen holt auch aus weniger aromatischen Sorten Geschmack heraus	139
Crème fraîche	Große mehligkochende Kartoffeln, Butter, Zwiebeln	30	Kartoffelschnee mit Zwiebeln	Am feinsten gelingt Kartoffelschnee mit einer Kartoffelpresse. Oder Haarsieb und Holzlöffel verwenden	139
Crème fraîche	Blumenkohl, Semmelbrösel, Butter, Kresse	35	Gebräunte Blumenkohlröschen mit Crème-fraîche-Kresse	Sehr gut passen dazu: die normale Gartenkresse, Omas Brunnenkresse oder Asia-Neuzüchtungen wie Shisokresse	139
Crème fraîche	Lange Pasta, Reibekäse	10	Ruckzuck-Pasta	Dauert nur so lange, wie die Pasta zum Kochen braucht	139
Crème fraîche	Birnen, Zimtpulver, Butter	10	Gebräunte Birnen auf Crème-fraîche-Spiegel	Wer möchte, löscht die Birnen mit etwas Birnenschnaps oder Calvados ab	139
Joghurt pur	Ingwer, Knoblauch; etwas Schärfe, z. B. Chilischote, Zwiebel	10	Joghurtmarinade für Fleisch und Geflügel	Schmeckt besonders lecker zu Lamm	139

Das ist immer im Haus: Salz, Pfeffer, Essig, Öl

Eier, Milchprodukte & Käse

Der kleine Rest	Weitere Zutaten	Zeit in Minuten	Rezeptidee	Gut zu wissen	Rezept auf Seite
Joghurt pur	Dill, Schnittlauch oder Frühlingszwiebel, Senf, Zitrone	5	Salatdressing	Passt gut zu grünem Salat, Kartoffelsalat oder als kalte Sauce zu Grillfisch	140
Joghurt pur	Eier, Dill, Zwiebel, Mayonnaise	15	Joghurt-Ei-Creme	Sehr lecker: als Brotaufstrich oder Dip zu Möhren-, Gurken- oder Paprikastreifen	140
Joghurt pur	Salatgurke, Minze, Olivenöl, Knoblauch	5	Gurkensauce	Zum Dippen für Gemüse, mit Frische-Kick für Fisch und Lamm. Schmeckt auch sehr fein auf Brot	140
Joghurt pur	Tomaten, Rosinen, Pinienkerne	5	Süßsäuerlicher Tomatensalat	Sehr dekorativ: mit unterschiedlichen Tomatensorten zubereiten	140
Joghurt pur	Oliven, Möhren, Olivenöl, Kreuzkümmel oder etwas Schärfe, z. B. Harissa	10	Möhren-Dip	Sehr fein auf Fladenbrot und zum Dippen für rohe Champignons oder Fenchelstreifen	140
Joghurt pur	(rote) Paprikaschote, Fetakäse, Thymian, Knoblauch	5	Fetakäse-Paprika-Dip	Würzige Ergänzung zu: Tomaten, Grillfleisch oder Maiskolben	140
Joghurt pur	Hähnchenfleisch, z. B. Hähnchenbrustfilet; Mandeln; etwas Schärfe, z. B. rosenscharfes Paprikapulver; Estragon	20	Hähnchen in Joghurtsauce	Perfekt zu Reis und fürs Picknick; dann eher als lauwarmer Hähnchensalat	140

Das ist immer im Haus: Salz, Pfeffer, Essig, Öl

Der kleine Rest	Weitere Zutaten	Zeit in Minuten	Rezeptidee	Gut zu wissen	Rezept auf Seite
Joghurt pur	Beeren, Puderzucker; Nüsse, z. B. Haselnusskerne oder Mandeln	5 + 120 Kühlzeit	Joghurt-Eis	Das frisch-fruchtige Joghurtaroma harmoniert am besten mit Blaubeeren oder Himbeeren	140
Joghurt pur	Orangen, Bitterschokolade, Honig oder Zucker	5	Orangenfilets mit Schokostückchen	Mit etwas Cointreau oder Danziger Goldwasser abschmecken. Oder mit 1 Msp. Zimtpulver würzen	140
Joghurtzubereitung, z. B. Fruchtjoghurt	Sahne, Beeren, z. B. Blaubeeren oder Himbeeren	5 + 180 Kühlzeit	Frozen yoghourt	Lässt sich auch ohne Eismaschine zubereiten	141
Joghurtzubereitung, z. B. Fruchtjoghurt	Granatapfel- oder Holundersirup, Schokoladenraspel	5	Obstsalatdressing	Besonders lecker zu Zitrusfrüchten und Banane	141
Joghurtzubereitung, z. B. Fruchtjoghurt	Orange oder Mango, Schokoladenkekse	5 + 15 Marinierzeit	Schichtdessert	Kinderleicht – das können auch die Kids machen	141
Quark pur	Rettich oder Radieschen, Schnittlauch, Zwiebel, Tomatenmark	5	Rettich-Quark-Dip	Sehr würziger Aufstrich – passt gut zur Brotzeit	141
Quark pur	Spinat (TK oder frisch), Mayonnaise, Knoblauch, Petersilie, Zwiebel	10	Spinat-Dip	Schmeckt sehr fein als Dip zu Pellkartoffeln, Gemüsestreifen oder zu Gegrilltem	141
Quark pur	Speckwürfel, saure Sahne, Eiernudeln, Semmelbrösel	15	Quarknudeln	Ein klassisches bayerisches Bauerngericht; deshalb passen auch Eiernudeln gut dazu	141

Das ist immer im Haus: Salz, Pfeffer, Essig, Öl

Eier, Milchprodukte & Käse

Der kleine Rest	Weitere Zutaten	Zeit in Minuten	Rezeptidee	Gut zu wissen	Rezept auf Seite
Quark pur	Eier, Butter, Milch, Puderzucker, Rosinen	10	Gefülltes Quark-Omelett	Gefüllt werden kann das Omelett auch mit Ananas, Bananen oder Orangen	141
Kräuterquark	Salatgurke, Zitrone, Knoblauch	5	Französischer Gurkensalat	Sehr lecker auf Brot oder zum Burger	141
Kräuterquark	Frühstücksspeck, Radieschen	10	Radieschen-Dip	Würziger Brotaufstrich; schmeckt am besten auf kräftigem Vollkornbrot	142
Kräuterquark	TK-Blätterteig, Fetakäse, Tomaten, Oliven	5 + 10 Backzeit	Mini-Pizza	Für Fingerfood in schmale Streifen schneiden	142
Kräuterquark	Kartoffeln, Rettich (schwarz, rot oder weiß)	25	Kartoffelsalat	Passt zu Bratfisch, Grillfisch oder Räucherfisch	142
Sahne	Aceto balsamico	5	Pikantes Cremedressing	Passt gut zu allen Salaten oder über Gemüse	142
Sahne	Olivenöl, Zitrone, Avocado; frische Kräuter, z. B. Schnittlauch oder Frühlingszwiebeln	5	Avocado mit Cremedressing	Ist es eine Bio-Zitrone? Etwas geriebene Zitronenschale schmeckt sehr gut dazu	142
Sahne	Blattspinat, Champignons, Knoblauch, Olivenöl	10	Spinatsalat mit Olivenöl-Sahne-Dressing	Blattspinat als Salat schmeckt sehr herzhaft und verträgt Würziges	142
Sahne	Weiße Schokolade, Beeren nach Wunsch; Kekse, z. B. Löffelbiskuits	10	Beerensalat mit Schokosauce	Die weiße Schokolade macht die Sauce etwas sämiger	142

Das ist immer im Haus: Salz, Pfeffer, Essig, Öl

Käse

Der kleine Rest	Weitere Zutaten	Zeit in Minuten	Rezeptidee	Gut zu wissen	Rezept auf Seite
Mascarpone	Orangenmarmelade, Orangensaft	5	Orangencreme für Obstsalat	Passt zu jedem Obstsalat als Topping	142
Mascarpone	Spekulatius, Vanilleeis	5	Christmas crumble	Das Basisrezept lässt sich variieren: mit gehackten Nüssen, heißer Schokolade oder Brandy	143
Mascarpone	Eiscreme, Espresso, Bitterschokolade	5	Eiskaffee italiana	Klassisch mit Vanilleeis, frisch mit Zitroneneis	143
Mascarpone	Weiße Schokolade, Joghurt, Pistazienkerne, Muskatnuss	10	Orientalische Creme	Schmeckt sehr fein zu Obst oder als Dip zu Keksen	143
Mascarpone	Dosentomaten, Olivenöl, Zwiebeln, Aceto balsamico	5 + 15 Kochzeit	Süßsäuerlicher Tomatensugo	Schmeckt prima zu Pasta, interessant zu Wildreis	143
Mascarpone	Schinken, Zwiebeln, Brot, Zucker	20	Schinkenbrot mit Zwiebelconfit	Ganz feine Kombi: mild mit gekochtem Schinken, würziger mit rohem Schinken	143
Mozzarella	Grillpaprika (Glas), Paprikaschote, Basilikum, Olivenöl, Aceto balsamico	5	Paprika mit Mozzarella	Variante des italienischen Klassikers: Caprese – Tomaten mit Mozzarella	143

Das ist immer im Haus: Salz, Pfeffer, Essig, Öl

Der kleine Rest	Weitere Zutaten	Zeit in Minuten	Rezeptidee	Gut zu wissen	Rezept auf Seite
Mozzarella	Tomaten, getrocknete Tomaten in Öl, Fladenbrot oder Focaccia	5 + 30 Ruhezeit	Mozzarella-Sandwich	Auch sehr fein: gegrillt oder im Ofen überbacken	143
Mozzarella	Hefe, Honig, getrocknete Tomaten oder frische Kräuter nach Wunsch, Mehl	5 + 120 Ruhe- und Backzeit	Italienisches Brötchen-konfekt	Gelingt leicht. Für die Deko: Mit Sesamsaat, Kürbiskernen, grobem Meersalz oder roten Pfefferbeeren bestreuen	143
Ricotta	Parmesan, Basilikum, Olivenöl	5	Ricottacreme	Würziger Dip für Gemüse; auch sehr fein als vegetarischer Aufstrich	144
Ricotta	Parmesan, kurze Pasta; Kräuter, z. B. Kräuter der Provence	10	Pasta mit Ricotta-Kräuter-Sauce	Die Sauce schmeckt auch gut zu Schweine- oder Lammfleisch oder als Dip zu Gemüsesticks	144
Ricotta	Brie, grüne Oliven, Walnuss- oder Pinienkerne, getrocknete Tomaten in Öl	5 + 120 Kühlzeit	Käsecreme	Fein als Brotaufstrich oder zum Füllen von Kirschtomaten und Champignons	144
Ricotta	Zucchino, Aceto balsamico, Schnittkäse, Thymian oder Rosmarin	5 + 10 Backzeit	Zucchiniröllchen	Schmeckt nicht nur vom Grill, sondern auch aus der Pfanne sehr gut	144
Ricotta	(TK-)Pizzateig, Reibekäse, Rucola, Pinienkerne	10 + 12 Backzeit	Weiße Pizza	Der Belag schmeckt auch auf Blätterteig sehr fein; die Backzeit bleibt gleich, die Ofentemperatur muss auf 200° erhöht werden	144

Das ist immer im Haus: Salz, Pfeffer, Essig, Öl

Der kleine Rest	Weitere Zutaten	Zeit in Minuten	Rezeptidee	Gut zu wissen	Rezept auf Seite
Ricotta	Orangenlikör oder Bio-Orange, TK-Blätterteig, Minze, Mandeln, Zucker	5 + 15 Backzeit	Orangendreiecke	Kräuter ergänzen das süße Aroma. Außer Minze schmeckt auch Thymian, Lavendel oder Rosmarin sehr gut	144
Ziegenkäse, weich	Räucherschinken, Paprikaschote; etwas Schärfe, z. B. Tabasco	5	Paprika-Dip	Auch als Brotaufstrich sehr lecker	144
Ziegenkäse, weich	Lange Pasta, Pinienkerne Olivenöl, Semmelbrösel	15	Pasta mit Ziegenkäsesauce	In Süditalien wird die Sauce mit Rosinen und Mangold/Spinat ergänzt	144
Ziegenkäse, weich	Blauschimmelkäse, Worcestersauce, Mehl, Nüsse	5 + 40 Kühl- und Backzeit	Käsekekse	Lecker zum Käsebüfett oder zum Glas Wein	145
Blauschimmelkäse	Portwein oder Birnen, Thymian	5	Käsecreme	Lecker als Brotaufstrich oder mit 3 EL Joghurt verrührt als Dip zu Grissini	145
Blauschimmelkäse	Radieschen, Baguette oder Brötchen	5 + 20 Ruhezeit	Radieschenbaguette	Radieschenschärfe ist gut für den Magen	145
Blauschimmelkäse	Hackfleisch, Zwiebel, Tomate, Brötchen	20	Blue Cheeseburger	Wer mit Kohlenhydraten sparen will, serviert den Burger auf knackigem Salat, z. B. Eisbergsalat	145

Das ist immer im Haus: Salz, Pfeffer, Essig, Öl

Eier, Milchprodukte & Käse

Der kleine Rest	Weitere Zutaten	Zeit in Minuten	Rezeptidee	Gut zu wissen	Rezept auf Seite
Blauschimmelkäse	Schweineschnitzel oder -kotelett, Schmant, Äpfel	20	Schweineschnitzel mit Apfelkompott	Das säuerliche Aroma von Äpfeln ergänzt sich gut mit Schweinefleisch und Blauschimmelkäse	145
Blauschimmelkäse	Champignons, Zitrone, Olivenöl; Nüsse, z. B. Walnusskerne oder Mandeln	10	Champignonsalat	Schmeckt auch warm fein: Die Champignonscheiben salzen, in 2 EL Öl in 5 Min. garen, dann mit dem Dressing beträufeln	145
Blauschimmelkäse	Rote Bete (frisch oder gegart), Olivenöl	10 + 35 Garzeit	Rote Bete mit cremigem Dressing	Die Aromakombination passt auch gut zu Reis und als Aromat zum Risotto	145
Fetakäse	TK-Blätterteig, Grillpaprika (Glas)	5 +15 Backzeit	Blätterteigtaschen mit Fetakäse	Ein Grundrezept mit vielen Füllungsmöglichkeiten: mit Tomate, Oliven oder eingelegtem Gemüse	146
Fetakäse	Eier, Spinat (TK oder frisch), Dill	15	Spinatfrittata	Auch kalt sehr lecker; gut zum Mitnehmen	146
Fetakäse	Wassermelone, rote Zwiebel, Minze, Olivenöl, Zitrone	5 + 15 Marinierzeit	Griechischer Sommersalat	Der Saft der Melone wird aufgefangen und mit Olivenöl zum Dressing gemixt; das gibt eine extra fruchtig-herbe Note	146
Brie	Zitrone, Ei, Butter, Mehl	15	Käsewaffeln mit Zitronenbutter	Schmeckt auch mal als Dessert nach einem Abendessen	146

Das ist immer im Haus: Salz, Pfeffer, Essig, Öl

Der kleine Rest	Weitere Zutaten	Zeit in Minuten	Rezeptidee	Gut zu wissen	Rezept auf Seite
Brie	TK-Blätterteig, grüne Bohnen, getrocknete Pilze, Schmant, Cognac oder Sojasauce	5 + 15 Backzeit	Pilztarte	Sojasauce ist ein natürlicher Geschmacksverstärker, der in kleiner Dosierung nicht vorschmeckt	146
Brie	Sonnenblumenkerne, Tomaten, Olivenöl	5 + 10 Backzeit	Ofenwarme Käse-Tomaten	Schöne Optik: Strauchtomaten samt Strauch garen und servieren	146
Schnittkäse, z. B. Emmentaler	Gekochter Schinken, Mayonnaise oder Schmant	10	Schweizer Schinken-Käse-Salat	Das Grundrezept lässt sich mit Birnenstückchen und Zitronensaft ergänzen	146
Schnittkäse, z. B. Gouda	Thunfisch (Dose), Mixed Pickles, Brot	10	Thunfischsandwich	Schmeckt am leckersten direkt aus dem Ofen	147
Schnittkäse, z. B. Appenzeller	Sauerkraut, Corned Beef, Senf, Brot	5 + 8 Backzeit	Warmes Sauerkrautsandwich	Der Klassiker aus New York, der Stadt mit den besten Sandwiches	147
Schnittkäse, z. B. Bel Paese	Pasta, Tomaten (frisch oder Dose), Knoblauch, Oregano	5 + 20 Backzeit	Nudel-Tomaten-Gratin	Ganz klassisch: mit Makkaroni	147
Schnittkäse, z. B. Cantal	Linsen, Möhren, Zwiebel Brühe	5 + 40 Garzeit	Linsenschnitten	Gut zum Mitnehmen oder fürs Büfett	147
Hartkäse, z. B. Grana Padano	Lange Pasta; etwas Schärfe, z. B. Chilipulver; Butter, Salbei oder Rosmarin	15	Fixe Käsepasta	Besonders lecker: mit selbst gemachter Pasta (s. S. 134)	147

Das ist immer im Haus: Salz, Pfeffer, Essig, Öl

Eier, Milchprodukte & Käse

Der kleine Rest	Weitere Zutaten	Zeit in Minuten	Rezeptidee	Gut zu wissen	Rezept auf Seite
Hartkäse, z. B. Cheddar	Hüttenkäse, Eier, getrocknete Tomaten in Öl, Mehl, Backpulver	5 + 25 Backzeit	Hüttenkäse-Muffins	Ohne Muffinform geht's auch: Einfach pro Muffin 2–3 Papierförmchen ineinanderstellen, bis sie dem Teig genügend Halt bieten	147
Hartkäse, z. B. Greyerzer	Eier, Salami, Kartoffeln	35	Salamifrittata	Schmeckt immer gut: warm, lauwarm oder kalt	147
Hartkäse, z. B. Greyerzer	Hefe, Olivenöl, Honig, Mehl	5 + 130 Geh- und Backzeit	Brot mit Käsekruste	Dekorativ: In kleinen Blumentöpfen backen	148
Hartkäse, z. B. Parmesan	Grüne Bohnen, Zucchini, Frühlingszwiebel, Brühe, Basilikum	5 + 20 Kochzeit	Sommerminestrone	Der Käse macht die Minestrone schön sämig	148
Ziegenkäse, hart	Paprikaschoten (gelb und rot), lange Pasta; etwas Schärfe, z. B. Chilipulver; Olivenöl	15	Pasta mit Ziegenkäsesauce	Gelbe und rote Paprikaschoten schmecken fruchtiger als grüne. Optisch ansprechend ist ein Mix aus gelben und roten	148
Ziegenkäse, hart	Große mehligkochende Kartoffeln; Quark, Olivenöl; frische Kräuter, z. B. Rosmarin, Thymian	5 + 35 Grillzeit/Backzeit	Ofenkartoffeln mit pikanter Füllung	Das stallige Aroma von Ziegenkäse tritt hier eher in den Hintergrund; gutes Einsteigerrezept in puncto Ziegenkäse	148
Ziegenkäse, hart	(TK-)Pizzateig, Salami, Tomatensauce	5 + 15 Backzeit	Salamipizza	Als Fingerfood in runde Mini-Pizzen in Größe der Salamischeiben servieren	148

Das ist immer im Haus: Salz, Pfeffer, Essig, Öl

Saucen, Würzmittel & Eingelegtes

Saucen

Der Rest	Weitere Zutaten	Zeit in Minuten	Rezeptidee	Gut zu wissen	Rezept auf Seite
Bratensauce	Eier, Butter	10	Omelett mit Sauce	Schmeckt solo oder zwischen Sandwichscheiben	148
Bratensauce	Sahne, kurze Pasta, italienische Riesenbohnen (Dose), Rosmarin	15	Pasta mit cremiger Bohnensauce	Industriell gefertigte Pasta hat eine glatte Oberfläche; die saugt Sauce nicht so gut auf wie Pasta mit dem Stichwort »artigianale«	148
Bratensauce	Weißkrautsalat, Hackfleisch, Tomaten, Pitabrot	15	Deutscher Döner	Schmeckt auch: Thüringer Mett statt Hackfleisch	149
Bratensauce	Gemüsezwiebel, Rosinen, Thymian, Cognac oder Aceto balsamico	25	Zwiebel-Rosinen-Relish	Schön würzig: als Aufstrich auf Roggenbrötchen	149
Gulaschsauce	Möhren, kurze Pasta, Knoblauch, Butter, Oregano	15	Möhrengulasch	Auch lecker: Reis oder Kartoffeln unterruhren	149
Gulaschsauce	Wiener Würstchen	5	Würstl mit Saft	Kaffeehaus-Klassiker aus Österreich	149
Gulaschsauce	Eier, Reibekäse, Butter, Schnittlauch	10	Spiegeleier auf Saucenspiegel	Fein geraspelte Möhren drüber machen's frisch	149

Das ist immer im Haus: Salz, Pfeffer, Essig, Öl

Der Rest	Weitere Zutaten	Zeit in Minuten	Rezeptidee	Gut zu wissen	Rezept auf Seite
Gulaschsauce	Reis, Dosenbohnen, Tomaten (frisch oder Dose), Zwiebel	20	Reis-Bohnen-Ragout	Gesund: Dosenbohnen haben viel Protein, Kalzium und Eisen	149
Gulaschsauce	Linsen (braune, grüne oder schwarze), Paprikaschote oder Spitzpaprika, Joghurt, Zwiebel, Brühe	5 + 30–60 Garzeit	Linsensuppe mit Paprikawürfeln	Grüne Linsen brauchen am längsten (60 Min.), schwarze/braune brauchen 30 Min., rote Linsen nur 15 Min.	149
Gulaschsauce	Spitzkohl oder Wirsing, Dosentomaten, Sour Cream/Joghurt, Thymian, edelsüßes Paprikapulver	20	Würziger Kohl	Sehr gut passt Reis dazu. Besonders aromatisch: ein Mix aus Reis und Getreide (Fertigprodukt)	150
Sauce hollandaise	Tomaten, Butter, Basilikum, Brot	5	Tomaten-Canapés	Besonders lecker mit aromatisiertem Brot, z. B. mit Walnüssen, Oliven	150
Sauce hollandaise	Grillpaprika (Glas), Paprikaschote, Senf	10	Paprikastreifen in Sauce hollandaise	Auch fein: als Sauce zu Reis	150
Sauce hollandaise	Spinat (frisch oder TK), Muskatnuss, Eier	10	Spinat mit wachsweichen Eiern	Ein Grundrezept, das sich mit Sauerampfer, Dill oder Schnittlauch variieren lässt	150
Sauce hollandaise	Lauch, Brokkoli, (TK-)Erbsen, Schnittlauch, Butter	20	Grüngemüse mit Sauce	Saisonale Variante: grüner Spargel und frischer Kerbel	150
Tomatensauce	Joghurt, Petersilie oder Basilikum; etwas Schärfe, z. B. Chilipulver	5	Tomaten-Joghurt-Dip	Erfrischend: kalt serviert mit Gurkensticks	150

Das ist immer im Haus: Salz, Pfeffer, Essig, Öl

Saucen, Würzmittel & Eingelegtes

Der Rest	Weitere Zutaten	Zeit in Minuten	Rezeptidee	Gut zu wissen	Rezept auf Seite
Tomatensauce	Oliven, getrocknete Tomaten in Öl, Eiswürfel	5	Blitz-Gazpacho	Wenn keine Eiswürfel zur Hand sind: Im Gefrierfach dauert es nur 20 Min.	150
Tomatensauce	Eier, Reibekäse, Butter	10	Rührei mit Käse	Dazu passt gut: herzhaftes Graubrot. Oder auf einen festen Salat wie Römer- oder Bataviasalat setzen	150
Tomatensauce	Hähnchenfleisch, gegart oder roh; Reis, Avocado, Zitrone	20	Reissalat mit Hähnchen und Avocado	Sehr fein mit Kreuzkümmel. Wer das Aroma noch nicht kennt, fängt zurückhaltend mit ½ TL an	151
Tomatensauce	Hähnchenfleisch, gegart oder roh; Oliven, Thymian, Olivenöl	20	Hähnchen mit Oliven	Würziger Belag für Sandwich oder Crostini	151
Tomatensauce	Wodka, Petersilie, Sahne, kurze Pasta, Tabasco	20	Pasta mit Wodka-Sahne-Sauce	Der Alkohol verkocht, gibt nur sein Aroma ab	151
Hackfleischsauce (bolognese)	Brötchen, Champignons, Rucola, Zwiebel	15	Italo-Burger	Gehaltvolle Ergänzung: 1 Löffel Crème fraîche oder Schmant	151
Hackfleischsauce (bolognese)	Kartoffeln, Mais; etwas Schärfe, z. B. Chilipulver	25	Kartoffel-Mais-Ragout	Raffinierter mit Kräutern der Provence	151
Hackfleischsauce (bolognese)	Zucchini; Kürbis oder Tomaten, Oregano, Reibekäse	25 + 15 Back- und Ruhezeit	Überbackenes Gemüse	Einige Kürbissorten wie Hokkaido müssen nicht geschält werden; das spart Zeit und Abfall	151

Das ist immer im Haus: Salz, Pfeffer, Essig, Öl

Würzmittel

Der Rest	Weitere Zutaten	Zeit in Minuten	Rezeptidee	Gut zu wissen	Rezept auf Seite
Currypaste	Zucchino, Reis, Brühe	15	Curryreis mit Zucchini- gemüse	Ein schönes Rezept zum Experimentieren mit Curry	151
Currypaste	Eier, Schmant	15 + 30 Kühlzeit	Scharf gefüllte Eier	Auch als Eiersalat für eine Sandwichfüllung, dann die Eier nicht aushöhlen, sondern hacken	152
Currypaste	Lauch, Joghurt	10	Lauch-Curry-Creme	Sehr fein als Dip, Brotauf- strich oder zum Abschme- cken von Saucen zu Fisch	152
Currypaste	Asia-Nudeln, Frühlings- zwiebeln, Möhren, Jo- ghurt, Zitrone	15	Asia-Nudeln mit Möhren	Ganz fein dazu: in Öl ge- bratene Garnelen	152
Currypaste	Kürbis, Birnen, Schmant, Brühe	20	Currysuppe	Interessanter Zutatenmix: auch für ein Currygemüse	152
Currypaste	Kartoffeln, Butter, Milch	20	Curry-Kartoffel-Püree	Klasse dazu: Fisch und Fleisch	152
Currypaste	Rosenkohl; Nüsse, z. B. Walnusskerne; Äpfel, Schmant	15	Rosenkohl mit Walnüs- sen	Exotisch gewürzte Gemü- sebeilage: superlecker zu Reis oder Kartoffeln	152

Das ist immer im Haus: Salz, Pfeffer, Essig, Öl

Der Rest	Weitere Zutaten	Zeit in Minuten	Rezeptidee	Gut zu wissen	Rezept auf Seite
Currypaste	Rote Bete (gegart oder frisch), Frühlingszwiebeln, Joghurt, Kreuzkümmel, Knoblauch	15	Rote-Bete-Curry	Lässt sich gut ergänzen mit Hackfleisch oder Reis	152
Ingwer	Honig	5	Ingwer-Honig-Tee	Bewährter Muntermacher: Hilft auch bei Erkältung	153
Ingwer	Möhren, Brühe, Joghurt	15	Möhren-Ingwer-Suppe	Schmeckt warm im Winter oder gekühlt im Sommer	153
Ingwer	Sojasauce; etwas Schärfe, z. B. Chilischote; Schnittlauch oder Petersilie, Zucker, Zitrone	5	Scharfer Ingwer-Dip	Harmoniert mit: Fisch, gegartem Hähnchen, Paprika und Sushi. Oder als Dressing für Asia-Nudeln	153
Ingwer	Hähnchen- oder Putenfleisch, Sojasauce, Honig	15	Würzige Geflügelstreifen	Lecker zu Naturreis, rotem Reis oder Wildreis. Oder als Vorspeise auf Salat	153
Ingwer	Schokolade, Nüsse	5 + 120 Ruhezeit	Ingwerschokolade	Besonders fein: mit karamellisierten Mandelblättchen. Dafür 3 EL Zucker schmelzen lassen, Mandelblättchen dazugeben	153
Ingwer	Obst, z. B. Nektarinen, Bananen, Melonen; Zucker oder Honig	10	Obstsalat mit Ingwerdressing	Das pfeffrige und leicht süße Aroma von Ingwer ergänzt sich gut mit Süßem	153
Ingwer	Fischfilet, z. B. Pangasius; Sojasauce, Honig, Möhren	10 + 10 Garzeit	Fischfilet mit glasierten Möhren	Vielseitige Knolle: In Asien ist Ingwer seit Jahrtausenden ein Heilmittel	153

Das ist immer im Haus: Salz, Pfeffer, Essig, Öl

Der Rest	Weitere Zutaten	Zeit in Minuten	Rezeptidee	Gut zu wissen	Rezept auf Seite
Knoblauch	Joghurt; etwas Schärfe, z. B. Chili	5	Joghurt-Knoblauch-Sauce	Als Salatdressing, als Sauce zu warmem Gemüse oder Fleisch oder als Dip zu Fladenbrot	153
Knoblauch	Baguette, Zitrone, Reibekäse, Butter	5 + 15 Backzeit	Zitronen-Knoblauch-Baguette	Perfekt für die Grillparty	153
Knoblauch	Sardellen, Zitrone, Olivenöl	5	Warmes Knoblauchöl	Schön würzig: als Dip zu Gemüsesticks oder Grissini	153
Knoblauch	Eigelb, Zitrone, Senf, Olivenöl	5	Aioli	Raffiniert: mit Kreuzkümmel, Safran oder Salbei	154
Knoblauch	Kartoffeln, Olivenöl, Rosmarin	5 + 30 Backzeit	Gekräuterte Ofenkartoffeln	Dieses Grundrezept lässt sich ergänzen mit Chilis und abwandeln mit einem Zitronensaft-Zimt-Mix	154
Knoblauch	(TK-)Garnelen, Zitrone, Petersilie, Butter	10	Garnelen in würzigem Dressing	Auch gut fürs Grillfest	154
Meerrettich	Dosentomaten, Zwiebel, Joghurt oder Schmant	15	Tomatensuppe mit Meerrettichcreme	Lecker dazu: selbst gemachte Kräutercroûtons (s. S. 110)	154
Meerrettich	Joghurt, Dillspitzen; etwas Schärfe, z. B. rosenscharfes Paprikapulver	5	Meerrettich-Dip	Für zwischendurch: zu Gemüsesticks oder Apfelschnitzen	154
Meerrettich	Schmant, Kapern, Zwiebel, Mayonnaise	5	Würzige Meerrettichcreme	Auf Mini-Sandwiches unter Salami oder zu Fleisch superlecker	154

Das ist immer im Haus: Salz, Pfeffer, Essig, Öl

Saucen, Würzmittel & Eingelegtes

Der Rest	Weitere Zutaten	Zeit in Minuten	Rezeptidee	Gut zu wissen	Rezept auf Seite
Meerrettich	Putenfleisch, Joghurt, Walnusskerne	20	Putenfleisch in Joghurtsauce	Auch gut: als Füllung von Fladen- oder Pitabrot	154
Kokosmilch	Reis; Nüsse, z. B. Walnusskerne oder Mandeln	15	Kokosmilch-Reis	Schmeckt lecker zu Fleischgerichten vom Grill	154
Kokosmilch	Bananen, Zucker, Zimtpulver	10	Kokosbananen	Macht was her – ist absolut gästetauglich	155
Kokosmilch	Tomaten, Reis, Zwiebel; etwas Schärfe, z. B. Chilipulver	15	Tomatensuppe mit Kokosmilch	Das mild-süße Aroma von Kokosmilch harmoniert gut mit der Säure von Tomaten	155
Kokosmilch	Paprikaschoten, Zwiebel, Brühe	25	Paprikasüppchen mit Kokosmilch	Lecker dazu: Cashews leicht rösten und über das Süppchen streuen	155
Kokosmilch	Kürbis, Lasagneblätter, Milch, Mehl, Macisblüte	5 + 50 Backzeit	Kürbis-Lasagne	Macisblüte ist die Hülle der Muskatnuss. Das Aroma ist ähnlich, aber feiner	155
Mangochutney	Joghurt, Zitrone, Minze oder Petersilie	5	Mangochutney-Dip	Klasse Begleiter: zu Fladenbrot oder Crackern. Oder als Dressing zu kaltem Geflügel	155
Mangochutney	Linsen, Brühe, Frühlingszwiebeln	20	Linsen mit Mangochutney	Aus den Zutaten lassen sich auch vegetarische Burger zubereiten; die Burger dann in Semmelbröseln wälzen und in heißem Öl ausbraten	155

Das ist immer im Haus: Salz, Pfeffer, Essig, Öl

Der Rest	Weitere Zutaten	Zeit in Minuten	Rezeptidee	Gut zu wissen	Rezept auf Seite
Mangochutney	Lammkotelett, Gemüse-zwiebel; etwas exotisches Aroma, z. B. Garam masala	15	Lammkotelett in fruchti-ger Sauce	Lecker als Mittagsmahlzeit zu Salat. Auch fein zu Reis oder Kartoffeln	155
Mayonnaise	Gekochter Schinken, Bröt-chen oder Brot; etwas Schärfe, z. B. Chilischote	5	Sandwich mit Chili-mayonnaise	Frische Chilis lassen sich gehackt gut einfrieren	156
Mayonnaise	Gewürzgurke, Dijonsenf, Petersilie oder Estragon, Kapern, Eier	10	Tatarsauce	Fein-würzig zu Fisch, Rind-fleisch und Burgern	156
Mayonnaise	Salatgurke, Schmant, Dill	5 + 10 Marinierzeit	Gurken-Dip	Auch klasse als fester Brotaufstrich: 1–2 Salz-cracker dazukrümeln	156
Pilze, getrocknete	Camembert, Cognac, Soja-sauce oder Brühe	15 + 60 Kühlzeit	Gefüllter Camembert	Pilze peppen einfachen Camembert lecker auf	156
Pilze, getrocknete	Reis, Zwiebel, Lauch; etwas Schärfe, z. B. Chili	5 + 20 Kochzeit	Reis-Pilz-Pfanne	Getrocknete Pilze im Glas an einem dunklen Ort auf-bewahren, dann halten sie ewig	156
Pilze, getrocknete	Eier, Sahne, Thymian, Cognac oder Brühe, Butter	10	Omelett mit cremiger Pilzfüllung	Schön dazu: Kräuter-Croûtons (s. S. 110)	156
Pilze, getrocknete	Lange Pasta, Sahne, Spi-nat (frisch oder TK), Mus-katnuss	20	Pasta in Pilz-Spinat-Sauce	Für mehr Geschmack und ein »leckeres Mundge-fühl«: gehackte Walnüsse dazugeben	156

Das ist immer im Haus: Salz, Pfeffer, Essig, Öl

Saucen, Würzmittel & Eingelegtes

Der Rest	Weitere Zutaten	Zeit in Minuten	Rezeptidee	Gut zu wissen	Rezept auf Seite
Pilze, getrocknete	Radicchio, Eier, Olivenöl, Aceto balsamico, Haselnüsse	10	Wachsweiche Eier auf Radicchio	Wer das Aroma, aber nicht die Konsistenz der Trockenpilze mag, reibt sie auf der Muskatnussreibe	157
Pesto	Tomaten, Olivenöl, Aceto balsamico	5	Tomatensalat mit Pesto	Kann einige Std. durchziehen – gut zum Mitnehmen ins Büro	157
Pesto	Gekochter Schinken, Frischkäse, Brot	5	Pesto-Sandwiches	Optimal dazu: weichere Brotsorten wie Fladenbrot	157
Pesto	Zucchini, Mozzarella	15	Gegrillte Zucchinischeiben	Beim Grillen darauf achten, dass der Käse nicht ausläuft und durch die Stäbe tropft	157
Pesto	Eier, Sahne	10 + 60 Kühlzeit	Pesto-Eier	Partytaugliches Fingerfood: Gefüllte Eier mag jeder gern	157
Pesto	Reis, Zucchini, Paprikaschote, Schmant	15	Pesto-Reis-Salat	Wer es üppiger mag: Schnitzelstreifen obendrauf setzen	157
Pesto	Hüttenkäse oder Frischkäse, Tomaten, Pinienkerne	15	Pesto-Tomaten	Gefüllt oder als Salat – beides ist schön aromatisch	157
Senf	Honig	5	Honig-Senf-Sauce	Würzsauce zu Gemüse und Geflügel	157

Das ist immer im Haus: Salz, Pfeffer, Essig, Öl

Der Rest	Weitere Zutaten	Zeit in Minuten	Rezeptidee	Gut zu wissen	Rezept auf Seite
Senf	Olivenöl, Aceto balsamico, Zucker	5	Salatdressing mit Senf	Sehr praktisch: Im Schraubglas mixen und in den Kühlschrank stellen. Gekühlt hält es sich mehrere Wochen. Kurz vor dem Gebrauch noch mal schütteln	158
Senf	Butter	5	Senfbutter	1 Löffelchen zum Abschmecken peppt Fischgerichte und Gemüse auf	158
Senf	Zucchini, Tomaten, Olivenöl, Zitrone, Zucker	10 + 10 Backzeit	Sommergemüse mit Senfdressing	Mehr braucht es nicht: Das Senfdressing entfaltet über warmem Gemüse seine intensiven ätherischen Öle	158
Senf	Schweine- oder Lammkoteletts, Petersilie, Knoblauch, Semmelbrösel	20	Kotelett mit Senfkruste	Noch interessanter: mit verschiedenen Senfsorten kombiniert	158
Senf	Kartoffeln, Sahne, Zwiebel, Reibekäse	5 + 60 Backzeit	Kartoffel-Senf-Gratin	Schmeckt auch gut: 2 EL Sauerkraut unter die Kartoffelscheiben mischen	158
Tomaten, getrocknete	Hüttenkäse	5	Tomaten-Dip	Fein zu Gemüsesticks (Paprika) oder als Aufstrich	158
Tomaten, getrocknete	Frischkäse, Frühlingszwiebel; etwas Schärfe, z. B. Chili; Knoblauch, Brot	5	Frischkäse-Tomaten-Creme	Passt gut zu Grillfleisch und aufs Brot	158

Das ist immer im Haus: Salz, Pfeffer, Essig, Öl

Saucen, Würzmittel & Eingelegtes

Der Rest	Weitere Zutaten	Zeit in Minuten	Rezeptidee	Gut zu wissen	Rezept auf Seite
Tomaten, getrocknete	Lauch oder grüner Spargel, Brot, Crème fraîche	15	Gemüse-Crostini	Göttlich: auf frisch getoastetem Roggen- oder Bauernbrot mit einem Glas Prosecco	158
Tomaten, getrocknete	Risottoreis, Butter, Brühe, Reibekäse, Basilikum	25	Tomatenrisotto	Im Winter lecker: fein gehackter Rosmarin oder getrocknete Kräuter der Provence. Die Kräuter kurz vor dem Garzeitende unterrühren	158
Tomaten, getrocknete	Linsen (grüne, braune oder schwarze), Brühe, Paprikaschote, Olivenöl, Aceto balsamico	25	Linsengemüse italiana	Schmeckt lauwarm zu knusprigem Brot oder als Beilage zu Fisch	159
Tomaten, getrocknete	TK-Blätterteig, Tomaten, Olivenöl, Aceto balsamico, Zucker	5 + 15 Backzeit	Zwei-Tomaten-Tarte	Die Tarte am besten auf dem Backofenboden backen: Das verhindert, dass der Teigboden durchweicht	159
Tomaten, getrocknete	Hähnchenfleisch, Reis, Petersilie	20	Reispfanne mit Hähnchen	Ziegenfrischkäse passt auch in diese Sauce. Den Frischkäse einrühren und schmelzen lassen	159

Das ist immer im Haus: Salz, Pfeffer, Essig, Öl

Eingelegtes

Der Rest	Weitere Zutaten	Zeit in Minuten	Rezeptidee	Gut zu wissen	Rezept auf Seite
Artischockenherzen	Salami, Butter, Baguette	5	Salami-Crostini	Schmeckt auch gut mit Pumpernickel oder Schwarzbrot	159
Artischockenherzen	Eier, Schmant, Olivenöl, Petersilie	10	Artischockensalat mit Eiern	Wenig Zutaten, mehrere Variationsmöglichkeiten: einen Eiersalat fürs Sandwich oder als Vorspeise für Gäste mit Wachteleiern zubereiten	159
Artischockenherzen	Couscous, Zitrone, Tomaten	10	Couscous mit Artischocken	Auch als Pastasauce: Zitrone, Tomaten und Artischockenherzen geben mit 1 Schuss Olivenöl auch eine feine Sauce zu langen Pasta	159
Gewürzgurken	Weißwein, Schmant; frische Kräuter, z. B. Petersilie, Schnittlauch, Estragon	10	Gewürzgurkendressing	Für Kartoffelsalate, zu Fleisch und Grillgerichten	159
Gewürzgurken	Schnittkäse, Tomaten, Butter, Brot	10	Tomaten-Gurken-Sandwich	Auch fein: gegrillt im Sandwichmaker	160

Das ist immer im Haus: Salz, Pfeffer, Essig, Öl

Saucen, Würzmittel & Eingelegtes

Der Rest	Weitere Zutaten	Zeit in Minuten	Rezeptidee	Gut zu wissen	Rezept auf Seite
Gewürzgurken	Weißkohl, Möhren, Senf, Schnittlauch	10	Weißkohl-Möhren-Salat	Gut zum Mitnehmen: Je länger der Salat zieht, umso besser schmeckt er	160
Gewürzgurken	Kartoffeln, Radieschen, Schnittlauch	25	Kartoffel-Radieschen-Salat	Im Sommer auch lecker: Radi statt Radieschen	160
Kapern(äpfel)	Eier, Petersilie, Knoblauch	10	Kapernpesto	Schön würzig zu Fisch oder als Brotaufstrich	160
Kapern(äpfel)	Couscous, Tomaten, Tomatenmark, Olivenöl	15	Couscous-Kapern-Salat	Macht auch was her: vorgegarter Weizen statt Couscous. Den gibt's im Supermarkt	160
Kapern(äpfel)	Lange Pasta, Butter, Zitrone	15	Pasta mit Zitronenkapern	Je mehr Zitronenaroma, desto besser: Die Schale von 1 Bio-Zitrone abreiben und zugeben	160
Kapern(äpfel)	Räucherlachs, Frühlingszwiebeln, Olivenöl, Aceto balsamico oder Zitrone	5 + 20 Marinierzeit	Lachstatar	Variante mit rohem Lachs: Fein gehackt in Zitronensaft 20 Min. marinieren	160
Kapern(äpfel)	Kurze Pasta, Tomatensauce, Thunfisch, Oliven	15	Pasta mit Thunfisch und Kapern	Gehaltvollere Variante: Tomatensauce und Oliven durch Sahne und 2 verquirlte Eier ersetzen	160
Mixed Pickles	Schnittkäse, Butter, Brot	5	Herzhaftes Käsesandwich	Auch gegrillt sehr lecker	160
Mixed Pickles	Gekochter Schinken, Brot	5	Schinkensandwich	Schmeckt besonders gut auf kräftigem Roggenbrot	161

Das ist immer im Haus: Salz, Pfeffer, Essig, Öl

Der Rest	Weitere Zutaten	Zeit in Minuten	Rezeptidee	Gut zu wissen	Rezept auf Seite
Mixed Pickles	Thunfisch, Mayonnaise, Baguette oder Toast	5	Thunfischsalat	Besser: Mit Schnitt- oder Reibekäse überbacken	161
Mixed Pickles	Putenfleisch, Joghurt, Staudensellerie, Ketchup	15 + 10 Marinierzeit	Geflügelsalat	Feiner Imbiss zum Mitnehmen an den Arbeitsplatz	161
Oliven	Mandeln, Zitrone, Olivenöl, Knoblauch	5	Oliven-Mandel-Paste	Tolle Ergänzung zu: Baguette und Käse	161
Oliven	Robuster Salat, z. B. Romanasalat, Paprikaschote, Olivenöl	5	Salat mit Oliven-Paprika-Würfeln	Schnell geht's mit entsteinten Oliven aus dem Glas	161
Oliven	Staudensellerie, Avocado, Paprika (rot oder gelb), Olivenöl, Zitrone	5	Gemüsesalat	Ohne Avocado: eine feine Sauce für Nudelsalat	161
Oliven	Thunfisch, Anchovisfilets, Kapern, Zitrone	5	Tapenade	Aromatischer Klassiker als: Brotaufstrich, Creme zu mediterranem Gemüse oder typisch provenzalisch zu hart gekochten Eiern und knusprigem Baguette	161
Oliven	Fladenbrot, Pesto, Mozzarella, Olivenöl	5 + 8 Backzeit	Fladenbrot mit Oliven	Käsevariation: Mozzarella durch Fetakäse oder Reibekäse ersetzen	161
Oliven	Grüne Bohnen, Tomaten, Olivenöl, Aceto balsamico	15	Lauwarmer Sommersalat	Noch aromatischer wird das Dressing mit 1–2 fein zerdrückten Anchovis und Sherryessig	162

Das ist immer im Haus: Salz, Pfeffer, Essig, Öl

Saucen, Würzmittel & Eingelegtes

Der Rest	Weitere Zutaten	Zeit in Minuten	Rezeptidee	Gut zu wissen	Rezept auf Seite
Oliven	Hefe, Mehl, Olivenöl, Honig	10 + 150 Geh- und Backzeit	Olivenbrot	Schön als Mitbringsel oder Gastgeschenk	162
Oliven	Eier, Mehl, Crème fraîche, Reibekäse	5 + 60 Ruhe- und Backzeit	Käsetarte	Auch passend: eine Käsemischung aus Reibe- und Schnittkäse	162
Oliven	Fischfilet, Tomaten, Olivenöl, Basilikum	15	Fisch in Tomatensauce	Grundsauce zu: Lachs, Lengfisch oder Rotbarsch	162
Perlzwiebeln	Aceto balsamico, Zucker	10	Perlzwiebel-Relish	Feinsäuerliche Sauce: passt zu allen Käsesorten	162
Perlzwiebeln	Rosinen, Thymian, Cognac oder Orangensaft	15	Perlzwiebelconfit	Schmeckt klasse: auf Baguettescheiben oder zu Schweinelende	162
Perlzwiebeln	Kartoffeln, Gänseschmalz	25	Französische Bratkartoffeln	»Französisch« ist die Zubereitung der Bratkartoffeln mit Gänseschmalz	162
Perlzwiebeln	Hühnerbrühe, Sahne, Butter, Senf, Mehl	10	Senf-Zwiebel-Sauce	Perfekt für das Grillbüfett und zu Gemüse von Brokkoli bis Blumenkohl	163
Sauerkraut	Paprikaschote, Staudensellerie, Chilischote	5	Sauerkraut-Relish	Ideal zum: Hotdog oder Kasseler	163
Sauerkraut	Gekochter Schinken, Schnittkäse, Senf, edelsüßes Paprikapulver, Brot	5	Gegrilltes Schinkenbrot	Passt supergut dazu: süßer Senf	163

Das ist immer im Haus: Salz, Pfeffer, Essig, Öl

Der Rest	Weitere Zutaten	Zeit in Minuten	Rezeptidee	Gut zu wissen	Rezept auf Seite
Sauerkraut	Kartoffeln, Salami oder Chorizo	20	Sauerkraut-Wurst-Pfanne	Schmeckt warm oder bei Zimmertemperatur	163
Sauerkraut	Große mehligkochende Kartoffeln, Sahnequark, rosenscharfes Paprikapulver, Petersilie	5 + 30 Garzeit	Ofenkartoffeln mit Sauerkrautfüllung	Griechischer Joghurt mit höherem Fettgehalt passt auch gut	163
Sauerkraut	Mehl, Hefe, Milch, Honig	10 + 150 Ruhe- und Backzeit	Sauerkrautbrot	Schmeckt zu süßem und pikantem Belag	163

Das ist immer im Haus: Salz, Pfeffer, Essig, Öl

Rezepte

Rezepte

Brot

Italienischer Brotsalat

Für 1 Hauptgericht oder 2 Vorspeisen:

4 Tomaten waschen, grob hacken. 1 kleine Zwiebel schälen, fein hacken. Beides in eine Schüssel geben. 1 trockenes Brötchen oder die entsprechende Menge trockenes Brot toasten, würfeln und unterrühren. Mit einem Dressing aus 3 EL Olivenöl, 1 EL Aceto balsamico, Salz und Pfeffer mischen. Abgedeckt im Kühlschrank 1 Std. ziehen lassen. 1 kleines Bund Basilikum waschen, die Blätter zerpflücken und unterrühren, nochmals salzen und pfeffern.

Brotsalat mit Grillgemüse

Für 2 Hauptgerichte oder 4 Vorspeisen:

1 Aubergine, 2 Tomaten, 1 Zucchino waschen, putzen, getrennt klein würfeln. Aubergine in 3–4 EL Öl 10 Min. anbraten. Tomaten und Zucchiniwürfel unterrühren, salzen und pfeffern. Mit 1 EL fein gehacktem Rosmarin und dem Saft von 1 Zitrone würzen. In einer kleinen eingefetteten Auflaufform im vorgeheizten Backofen bei 180° etwa 5 Min. grillen. 1 trockenes Brötchen oder die entsprechende Menge trockenes Brot toasten, grob würfeln, in eine Schüssel geben. Grillgemüse darauf anrichten und einige Zeit ziehen lassen.

Toskanische Brotsuppe

Für 1 Hauptgericht oder 2 Vorspeisen:

1 Lauchstange putzen, waschen, klein schneiden. 1 kleine Knoblauchzehe schälen, fein hacken. 3 EL Olivenöl in einem Topf erhitzen, beides darin in 5 Min. glasig dünsten. 4–6 Tomaten waschen, hacken. Frische Tomaten (oder 1 kleine Dose Tomaten) unterrühren, salzen und pfeffern. Abgedeckt 15 Min. köcheln lassen. 1 trockenes Brötchen oder die entsprechende Menge trockenes Brot zerbrechen, unterrühren, und den Topf vom Herd ziehen. 1 Bund Basilikum waschen, im Ganzen dazugeben. Abgedeckt 3 Min. ziehen lassen, bis das Brot weich, aber noch nicht zerfallen ist. Basilikum entfernen. Suppe mit Salz und Pfeffer würzen.

Französische Brotsuppe

Für 4 Vorspeisen:

1 Zwiebel schälen, fein hacken. 50 g Butter in einem Topf zerlassen, die Zwiebel darin in 5 Min. glasig dünsten. 250 ml Milch und 1 l Brühe angießen, einmal aufkochen lassen. ½ getrocknetes Baguette grob reiben und einstreuen. Suppe kräftig salzen und pfeffern. Abgedeckt 40–45 Min. köcheln lassen, noch mal salzen und pfeffern. Brotsuppe auf Teller verteilen, mit Schnittlauch bestreut servieren.

Süßsäuerlicher Salat mit Croûtons

Für 4 Vorspeisen:

4 EL Rosinen in 2–3 EL Aceto balsamico 5 Min. einweichen. Inzwischen 1 trockenes Brötchen oder 2–3 Scheiben trockenes Weißbrot grob würfeln. In einer Pfanne in 3 EL Olivenöl und 1 TL Salz in 5 Min. knusprig braten. Aus der Pfanne heben, 3 EL Pinienkerne darin in 3 Min. goldbraun rösten. 1 Salat waschen, putzen, in mundgerechte Stücke teilen. Mit Rosinen, Marinade und Pinienkernen mischen, salzen und mit Croûtons bestreuen, eventuell noch mit Olivenöl beträufeln.

Gefülltes Brötchen

Pro Portion:

2 Eier in 10–12 Min. hart kochen, abschrecken, pellen und fein hacken. 4 Scheiben Salami fein hacken. Eier mit 1 EL Kapern, 3 EL Mayonnaise, 1 Kästchen Kresse und Salami verrühren, kräftig salzen und pfeffern. 1 trockenes Brötchen halbieren, aushöhlen, mit Eiersalat füllen, die Hälften zusammensetzen. In Frischhaltefolie wickeln und im Kühlschrank 1 Std. ziehen lassen.

Brezenknödel

Pro Portion:

1 trockene Brezel zerbrechen, in 4 EL warmer Milch einweichen. 1 kleine Zwiebel schälen, fein hacken. 1 Ei leicht verschlagen. Zwiebel und Ei unter die Brezel rühren, salzen und pfeffern. Den Teig 15 Min. stehen lassen, bis die Flüssigkeit aufgesogen ist. Aus der Masse kleine Knödel formen. In viel siedendem Salzwasser etwa 10 Min. garen, bis die Knödel an die Oberfläche steigen. 3 EL Butter braun werden lassen, Knödel aus dem Sud heben und darin schwenken, mit Schnittlauch bestreut servieren.

Schinkennockensüppchen

Für 2 Vorspeisen:

1 trockene Brezel zerbrechen, in 4 EL lauwarmer Milch einweichen. 1 Ei verschlagen. 100 g gekochten Schinken fein hacken. Beides unter die Brezel rühren. Mit 1–2 TL Senf, Salz und Pfeffer würzen. Den Teig 15 Min. stehen lassen, bis die Flüssigkeit aufgesogen ist. 500 ml Brühe erhitzen. Aus der Brezelmasse mit 1 EL Nocken abstecken, in der heißen Brühe 5–8 Min. köcheln lassen, bis die Nocken an die Oberfläche steigen.

Heiß-kaltes Dessert

Pro Portion:

1 trockenes Croissant längs aufschneiden, auf einem Dessertteller anrichten. 3 Rippen Schokolade im Wasserbad schmelzen lassen. 1 Kugel Eis auf die untere Croissanthälfte setzen, mit 1 EL geschmolzener Schokolade beträufeln, die obere Croissanthälfte darauflegen, mit der restlichen Schokolade beträufeln. Gleich servieren.

Croissant-Küchlein

Pro Portion:

1 trockenes Croissant längs aufschneiden, in eine feuerfeste Form legen, mit 100 g Sahne und 1 EL Orangenlikör beträufeln und im vorgeheizten Ofen bei 180° etwa 5 Min. backen. Inzwischen 1 Orange filetieren, die Fruchtfilets in 2 EL Sahne und 1 EL Orangenlikör bei kleiner Hitze oder im Ofen erwärmen. 2 Rippen Schokolade raspeln und in die Orangensauce rühren. Croissant-Küchlein mit warmer Orangensauce servieren.

Überbackenes Schinkencroissant

Pro Portion:

1 trockenes Croissant längs aufschneiden, untere Hälfte mit 50 g fein aufgeschnittenem, gekochtem Schinken und 2 Scheiben Käse belegen. Obere Hälfte obendrauf legen. Im Sandwichmaker zubereiten. Oder die Oberfläche nach Wunsch mit weiteren 1–2 Scheiben Käse belegen und im vorgeheizten Ofen bei 190° etwa 5 Min. überbacken, bis der Käse geschmolzen ist. **TIPP:** 1–3 EL gehackte glatte Petersilie macht die Füllung herzhafter.

Fleischbällchen

Für 10 Fleischbällchen:

1 trockenes Croissant fein hacken. Mit 500 g gemischtem Hackfleisch und 1 Ei vermischen, mit Salz, Pfeffer und 1 TL Majoran kräftig würzen. 1 kleine Zwiebel schälen, fein hacken und untermischen. Aus der Masse Bällchen formen. 4 EL Öl in einer beschichteten Pfanne heiß werden lassen, die Bällchen darin von beiden Seiten in 15 Min. braun braten.

Süditalienische Antipasti

Pro Portion:

Aus 2 EL Olivenöl, 1 TL Aceto balsamico, Salz und Pfeffer ein Dressing zubereiten. 1 Scheibe trockenes Brot damit beträufeln, mit einigen Scheiben Salami und 2 EL gehackten Oliven belegen und 5 Min. ziehen lassen.

Rezepte

Brühe mit Käsecrôutons

Für 2 Vorspeisen:

500 ml Brühe erwärmen. Inzwischen 2 Scheiben trockenes Brot würfeln. 3 EL Butter in einer Pfanne zerlassen, die Brotwürfel darin in 5 Min. braun rösten, mit 3 EL Reibekäse bestreuen. Brühe in Suppenteller verteilen, mit Käsecrôutons und Schnittlauch bestreut servieren.
TIPP: Eier für die Einlage leicht verrühren und in die heiße Suppe einrühren.

Brot-Lauch-Suppe

Für 2 Vorspeisen:

1–2 Lauchstangen putzen, waschen und in feine Ringe schneiden. 3 EL Butter zerlassen, Lauchringe darin in 5 Min. weich garen. 2 Scheiben trockenes Brot in Teller geben. Lauchgemüse und 4 EL Reibekäse daraufgeben. 500 ml Brühe erhitzen, über das Brot gießen und 2 Min. stehen lassen.

Gemüse-Brot-Eintopf

Für 4 deftige Hauptgerichte:

1 kleinen Kohl (z. B. Spitzkohl) oder Wirsing putzen, Strunk entfernen, Blätter in feine Streifen schneiden, kalt abbrausen. In 3 EL Butter bei mittlerer Hitze in 10 Min. weich dünsten. 1 kleine Dose Riesenbohnen abgießen, abbrausen, unterrühren.

Etwa 1,2 l Brühe angießen, einmal aufkochen lassen, bei mittlerer Hitze in 10 Min. garen. Mit Salz und Pfeffer würzen.
4 Scheiben trockenes Brot in Teller geben, mit 4 EL Reibekäse bestreuen. Suppe darübergießen, 2 Min. stehen lassen.

Arme Ritter

Für 4 Frühstücksportionen:

4 Eier mit 500 g Buttermilch in einem tiefen Teller verrühren. 4–6 Scheiben hartes Brot darin 5–10 Min. einweichen. Inzwischen 100 g Butter in einer beschichteten Pfanne zerlassen. Das weiche Brot herausheben, in der Butter von beiden Seiten in 3–5 Min. knusprig braten. Heiße Arme Ritter mit Zucker oder Vanillezucker und eventuell mit Zitronenschale bestreuen.

Pasta mit Butterbröseln

Für 4 Portionen:

500 g Pasta, z. B. Spaghetti, nach Packungsangabe in Salzwasser al dente garen. 3–4 Scheiben hartes Brot zu etwa 6 EL Bröseln reiben. 100 g Butter zerlassen, die Brösel einrühren und braun werden lassen. Mit etwas Schärfe, Salz und Pfeffer würzen. 1 Kästchen Kresse waschen, Blätter abschneiden. Pasta direkt aus dem Topf heben, mit Kresse zu den Butterbröseln geben und unterrühren.

Schokoladenbrotpudding

Für 6 Desserts:

Etwa 6 Scheiben hartes Brot in 250 g Sahne oder Milch 20 Min. einweichen. Inzwischen eine Kasserolle mit Butter einfetten. Brotscheiben herausheben, in die Kasserolle legen. Einweichflüssigkeit mit 2 Eiern, 3 EL feinem Zucker und 2–3 EL ganzen Nüssen, z. B. Haselnüssen, verrühren und darübergießen. 1 Tafel Zartbitterschokolade darüberreiben. Im vorgeheizten Ofen bei 150° garen, bis die Masse gestockt ist.

Apfelsandwich

Pro Sandwich:

1 Apfel waschen, entkernen, in Scheiben schneiden. 3 EL Butter in einer Pfanne zerlassen. Apfel mit 1–2 EL Honig darin in 3 Min. weich dünsten. Auf 2 Scheiben trockenes Vollkornbrot geben, die Scheiben zusammenklappen. 1 Std. bei Zimmertemperatur ziehen lassen.

Quark-Stippe mit süßer Zwiebel

Für 2–3 Portionen als Imbiss:

150 g Sahne steif schlagen, mit 500 g Quark verrühren. Mit Salz, Pfeffer und 3 EL gehackten gemischten Kräutern würzen. 4 Scheiben trockenes Vollkornbrot auf Tel-

ler legen, mit dem Quark bestreichen und ziehen lassen. Inzwischen 1 Zwiebel schälen, fein hacken. 4 EL Butter und 2 EL Zucker in einer Pfanne schmelzen lassen. Zwiebel darin in 15 Min. karamellisieren lassen, dann über den Quark löffeln.

Orient-Reis

Für 4–5 Hauptgerichte:

200 g Reis nach Packungsangabe in Salzwasser in 10 Min. garen, abgießen. 100 g Butter in einem Topf zerlassen. Topfboden mit trockenen Pumpernickelscheiben belegen, nach 1 Min. wenden. Den Reis daraufgeben, abgedeckt mit einem Küchentuch bei kleiner Hitze 1 Std. ausdämpfen lassen. Kurz vor dem Ende der Garzeit 200 g Sauerkirschen erwärmen, 100 g Mandeln unterrühren. Reis mit Brotkruste auf eine Platte stürzen, warme Kirschen als Rand anrichten.

Rote-Bete-Salat

Für 4 Vorspeisen:

1 Päckchen gegarte Rote Beten in Scheiben schneiden, in eine Schüssel geben. Aus 250 g Schmant, dem Saft von 1 Zitrone, Salz und Pfeffer ein Dressing zubereiten. Etwa 4 Scheiben trockenen Pumpernickel zerbröckeln, mit dem Dressing unter die Roten Beten rühren. 1 kleine Zwiebel

schälen, fein hacken und mit 3 EL gehackter Petersilie oder Koriandergrün unter den Salat ziehen. Abgedeckt 1 Std. im Kühlschrank ziehen lassen. Vor dem Servieren umrühren, eventuell mit Salz und Pfeffer nachwürzen.

Nudeln

Schinkennudeln italiana

Pro Portion als kleine Vorspeise:

50 g rohen Schinken zerpflücken oder in hauchdünne Streifen schneiden und in 2 EL Öl erwärmen. 2 EL oder mehr gegarte Spaghetti und 2 EL geriebenen Parmesan unterziehen und in 2 Min. erwärmen. Mit Salz und Pfeffer würzen. 1 kleine Handvoll Rucola waschen und putzen. Auf einem Teller mit den Nudeln anrichten.

Nudelfrittata

Für 2 Vorspeisen:

3 Eier verrühren, kräftig salzen und pfeffern. 1 Zucchino waschen, putzen und klein schneiden. 1 EL Öl in einer Pfanne erhitzen, Zucchino einschichten und mit ½ TL Thymian bestreuen. 2 EL oder mehr gegarte Spaghetti daraufgeben. Eier darübergießen, abgedeckt bei mittlerer Hitze in 10–12 Min. stocken lassen.

TIPP: Wer eine feste Oberfläche mag, wendet die Frittata nach 10 Min. mit Hilfe eines Tellers und lässt sie weitere 5 Min. stocken. Mit Salat ein Hauptgericht, ohne Salat eine Vorspeise für zwei.

Carbonara-Häppchen

Für 4 Vorspeisen:

1 kleine Zwiebel schälen, fein hacken. In 4 EL Olivenöl bei kleiner Hitze glasig dünsten. 50 g Speckwürfel dazugeben. 4 EL oder mehr gegarte Spaghetti klein schneiden. 2 Eier verschlagen, salzen, pfeffern. Beides unterrühren, abgedeckt 2 Min. braten, bis die Pasta erwärmt und die Eier gestockt sind. In Schälchen füllen und mit 2 EL Reibekäse bestreut servieren.

Mediterraner Nudelsalat

Pro Portion:

1 kleinen Radicchio in feine Streifen schneiden, waschen. 3 Sardellenfilets kurz abspülen, in 2 EL Olivenöl bei kleiner Hitze 3 Min. köcheln lassen, bis sie geschmolzen sind. Oder 1 Dose abgetropften, zerpflückten Thunfisch in 2 EL Olivenöl erwärmen. Radicchio, 2 EL Kapern und 3 EL oder mehr gekochte Spaghetti unter das Sardellenöl oder den Thunfisch rühren, 2–3 Min. erwärmen, bis der Radicchio sein Aroma abgibt. Mit Salz und Pfeffer würzen.

Rezepte

Würzige Nudelpuffer

Pro Portion:

2 EL Speckwürfel in einer Pfanne anbraten. 3 EL oder mehr gegarte Spaghetti mit Tomatensauce klein schneiden, mit 2 Eiern und 2 EL geriebenem Parmesan verrühren. Speck aus der Pfanne nehmen, unter die Spaghetti rühren. 2 EL Öl in einer Pfanne erhitzen, Spaghettimischung darin zu kleinen Puffern braten.

Piccata milanese

Für 2 Hauptgerichte oder 4 Vorspeisen:

2 Schnitzel kalt abbrausen, trocken tupfen, eventuell halbieren. Flach klopfen und in 2 EL Mehl wenden, überschüssiges Mehl abklopfen. 1 Ei verschlagen, Schnitzel darin wenden. 4 EL Semmelbrösel mit 2 EL geriebenem Parmesan verrühren. Schnitzel in der Panade wenden. In 200 ml heißem Öl von beiden Seiten 6 Min. ausbacken, auf Küchenpapier abtropfen lassen. 4 EL oder mehr gegarte Spaghetti mit Tomatensauce erwärmen und dazu servieren.

Gemüse im Spaghettiring

Für 2 Hauptgerichte oder 4–6 Vorspeisen:

Je 2 Paprikaschoten und Zucchini waschen, putzen, in kleine Stücke schneiden. Beides in einer Auflaufform mischen, salzen, pfeffern. Mit 1 TL Aceto balsamico und 2 EL Olivenöl beträufeln, im vorgeheizten Ofen bei 180° in 20 Min. garen. Inzwischen 3 EL oder mehr gegarte Spaghetti mit Tomatensauce in 1 EL Olivenöl erwärmen und auf Teller als Ring verteilen. Je 10 Basilikumblätter dazwischenstecken. Gemüse herausnehmen und im Spaghettiring anrichten. **TIPPS:** Das Gemüse vor dem Backen mit 1 TL Thymian würzen und das Basilikum weglassen. Aubergine passt auch gut dazu: Einfach würfeln, in Olivenöl kurz anbraten und unter das Gemüse rühren.

Lachs-Pasta-Salat

Für 2 Hauptgerichte oder 4 Vorspeisen:

200 g Räucherlachs oder Graved Lachs in Streifen schneiden. Mit einem Dressing aus dem Saft von 1 Zitrone, 2 EL Sojasauce oder 1 EL Aceto balsamico und 1 EL Öl beträufeln. 4 EL oder mehr gegarte Bandnudeln klein schneiden, unter den Lachs rühren und 30 Min. ziehen lassen. 200 g Kirschtomaten waschen, halbieren, unter den Salat mischen. Salzen und pfeffern.

Möhren mit Bagna-Cauda-Pasta

Pro Portion:

2 Möhren putzen, in Streifen schneiden und in kochendem Salzwasser in 5–8 Min. bissfest garen. 1 Knoblauchzehe schälen, fein hacken. 3 EL Olivenöl erhitzen, 3 Sardellen kurz abspülen und darin schmelzen. Knoblauch und 3–4 EL gegarte Bandnudeln unterrühren, salzen und pfeffern. Möhren dazugeben und 3 Min. mitgaren.

Champignons mit Thymiannudeln

Pro Portion:

200 g Champignons putzen, in Scheiben schneiden. 1 kleine Zwiebel schälen, fein hacken. 3 EL Butter zerlassen, beides darin in 5–8 Min. garen. Bei Bedarf 2 EL heißes Wasser oder Brühe angießen. 100 g Sahne angießen, mit Salz, Pfeffer und ½ TL Thymian würzen. 3 EL gegarte Bandnudeln untermischen und kurz erwärmen.

Kürbis-Pasta-Gratin

Für 2–3 Hauptgerichte:

500 g Kürbis schälen, klein würfeln. Mit 4 EL oder mehr gegarten Bandnudeln mischen und in eine eingefettete Auflaufform geben. 200 ml Huhnerbrühe und 150 g Sahne verrühren, angießen, salzen und pfeffern. 4 EL Reibekäse und 1 TL Thymian mischen und über die Kürbismischung streuen. Im vorgeheizten Ofen bei 190° etwa 30 Min. überbacken, im ausgeschalteten Ofen 10 Min. ruhen lassen. **TIPP:** Eventuell mit Alufolie abdecken, damit die Kruste nicht zu dunkel wird.

Grüne Nudeln

Für 2–3 Hauptgerichte:

500 g grünen Spargel waschen, holzige Enden abbrechen. Spargel etwa so groß wie die Nudeln in Stücke schneiden und in Salzwasser 5 Min. kochen lassen. 2 Zucchini waschen, putzen und so groß wie die Nudeln in Stücke schneiden. 2 EL Pesto mit der Sahne verrühren und erhitzen, Zucchini dazugeben und in 5 Min. weich garen. 4 EL oder mehr gegarte Pasta mit dem Spargel unterrühren, 2 Min. weitergaren. Mit Salz und Pfeffer würzen.

Pasta mit scharfer Joghurtsauce

Für 4 Appetithappen:

1 Knoblauchzehe schälen, fein hacken, in 2 EL Öl in 3 Min. glasig dünsten. 200 g Joghurt unterrühren, salzen und pfeffern, in 2 Min. erwärmen. 3 EL fein gehackte frische Kräuter und 4 EL oder mehr gegarte Pasta unterrühren, 2 Min. ziehen lassen. Mit ½ TL Chilipulver würzen.

Deftiger Nudeltopf

Für 4 Hauptgerichte:

300 g TK-Grünkohl nach Packungsangabe zubereiten. 1 Salsiccia oder 2 Bratwürste in 2 EL Öl von beiden Seiten in 5 Min. braun braten. In Stücke schneiden und mit dem Bratfett unter den Grünkohl rühren. 1 kleine Dose Riesenbohnen abgießen, kalt abbrausen und mit 4 EL oder mehr gegarter kurzer Pasta unter den Grünkohl mischen. Abgedeckt 2–3 Min. köcheln lassen. 2 EL Aceto balsamico und 3 EL Olivenöl unterrühren, salzen und pfeffern.

Italienische Hähnchenpfanne

Für 2 Hauptgerichte:

1 Knoblauchzehe schälen, fein hacken. 1 Hähnchenfilet kalt abspülen, trocken tupfen, in fingerdicke Streifen schneiden. In 2 EL Öl von allen Seiten bei mittlerer Hitze anbraten, salzen, pfeffern. 2 Oliven, Knoblauch und 4 EL oder mehr kurze Pasta mit Tomatensauce unterrühren, abgedeckt 5 Min. ziehen lassen, bis das Fleisch gar und die Pasta erwärmt ist. Mit 2 EL Reibekäse bestreuen. Heiß servieren.

Gemüse-Pasta-Auflauf

Für 2 Hauptgerichte:

1 Aubergine waschen, putzen, klein würfeln und in 2 EL Olivenöl 10 Min. braten. Mit 4 EL oder mehr gegarter kurzer Pasta mit Tomatensauce und 250 g Ricotta verrühren, kräftig salzen und pfeffern. In eine eingefettete Auflaufform füllen, mit 4 EL geriebenem Parmesan bestreuen, im vorgeheizten Ofen bei 180° etwa 50 Min. backen, dann 10 Min. im ausgeschalteten Ofen fest werden lassen. Inzwischen 10 große Basilikumblätter abzupfen. 3 EL Olivenöl erhitzen, Basilikumblätter darin 30 Sek. frittieren, auf Küchenpapier abtropfen lassen. Auflauf mit Basilikumblättern auf Tellern anrichten.

Schnelles Süppchen

Für 2 Vorspeisen:

500 ml Brühe erwärmen, 2 Eier verquirlen und in die Brühe rühren. 2 EL Schnittlauchröllchen oder 2 Frühlingszwiebeln in Ringen und 2 EL geriebenen Parmesan dazugeben. 4 EL gekochte Ravioli, Tortellini oder kurze Pasta auf Tassen verteilen, Brühe dazugießen, mit Pfeffer aus der Mühle würzen, 1 Min. stehen lassen, bis die heiße Brühe die Pasta erwärmt hat.

Gebratene Teigtaschen mit Dip

Für 2 Vorspeisen:

2 Tomaten waschen, hacken. Mit 2 EL gehackten Oliven und 2 EL gehackter Petersilie verrühren. Schale von 1 Bio-Zitrone abreiben, mit 2 EL geriebenem Parmesan zugeben. Mit Salz und Pfeffer würzen. 4 EL gekochte Ravioli oder Tortellini in 2 EL Öl von beiden Seiten in 3–4 Min. knusprig braten, auf Küchenpapier abtropfen lassen. Auf Holzspießchen stecken, zum Dip servieren.

Rezepte

Überbackene Teigtaschen

Für 2–4 Vorspeisen:

1 Kugel Mozzarella in Scheiben schneiden. 4 EL oder mehr gekochte Ravioli oder Tortellini mit 1 kleinen Dose oder Packung Tomaten und ½ TL rosenscharfem Paprikapulver verrühren. Die Hälfte in eine Auflaufform geben, die Hälfte der Mozzarellascheiben darauflegen. Restliche Pasta und Mozzarellascheiben einschichten. Mit 3 EL Reibekäse abschließen. Im vorgeheizten Ofen bei 190° etwa 15 Min. backen.

Tomatensalat mit Glasnudeln

Für 4 Vorspeisen:

4–6 Tomaten waschen, in Scheiben schneiden, salzen und pfeffern. 4 EL eingeweichte Glasnudeln unterrühren. Mit Salz, Pfeffer und 1 TL Chilipulver würzen. 4 EL frisch gehackte Kräuter oder 2 EL Minze unterrühren.
TIPP: 2 EL gehackter Sushi-Ingwer oder 1 TL frisch geriebenen Ingwer unterrühren.

Schweinefleisch mit Glasnudeln

Für 4 Vorspeisen:

Etwa 250 g Schweineschnitzel oder -filet kalt abspülen, trocken tupfen, in dünne Streifen schneiden, salzen und pfeffern. 2 EL Öl in einer Pfanne erhitzen, das Fleisch darin von allen Seiten bei mittlerer Hitze 5–8 Min. braten. Inzwischen 2 EL Fischsauce mit 1 TL geriebenem Ingwer, Salz und Pfeffer verrühren und unter 4 EL oder mehr eingeweichte Glasnudeln rühren. 2 Frühlingszwiebeln putzen, waschen und in Ringe schneiden. Nudeln auf Vorspeisentellern anrichten. Fleischstreifen daraufsetzen, mit Frühlingszwiebeln bestreut servieren.

Kartoffeln

Bratkartoffeln mit Käsekruste

Pro Portion:

Etwa 3 Pellkartoffeln pellen, in dünne Scheiben schneiden, salzen, pfeffern. 1 kleine Zwiebel schälen, fein würfeln. 2 EL Öl erhitzen, Kartoffelscheiben darin bei mittlerer Hitze in 5 Min. braun braten. Wenden und die Zwiebel unterrühren. Kurz vor dem Ende der Garzeit 3 EL Reibekäse unterrühren. Mit 1–2 EL Schnittlauchröllchen bestreut servieren.

Rösti

Für 2 Beilagen:

Etwa 3 Pellkartoffeln pellen, durch eine Kartoffelpresse drücken, salzen und pfeffern, die Masse zu einer fingerdicken Platte formen. 2 EL Butter oder 1 EL Gänseschmalz in einer Pfanne erhitzen, Kartoffeln darin abgedeckt in 8 Min. knusprig braten, wenden, dabei 2 EL Butter oder 1 EL Gänseschmalz dazugeben und die andere Seite in 8 Min. knusprig braten, nochmals wenden und ohne weitere Fettzugabe schön braun werden lassen.

Knusperkartoffeln

Für 1 Hauptgericht oder 2 Vorspeisen:

1 kleine Zwiebel schälen, fein würfeln. 3–4 Pellkartoffeln pellen, längs halbieren, mit 1 EL Öl einstreichen, pfeffern. Kartoffelhälften in den Zwiebelwürfeln wälzen, mit je 1 Scheibe Frühstücksspeck umwickeln. In 1–2 EL Öl von allen Seiten in 8 Min. knusprig braten. Aus 1 EL Essig, 2 EL Öl, Salz und Pfeffer ein Dressing zubereiten. 1 Handvoll Blattsalat waschen, putzen, auf einen Teller geben, mit dem Dressing beträufeln. Kartoffeln darauf anrichten.

Bauernomelett

Für 2 sättigende Imbisse:

1 kleine Zwiebel schälen, fein würfeln. 4 Pellkartoffeln pellen, in feine Scheiben schneiden, salzen und pfeffern. 2 EL Öl in einer Pfanne erhitzen, Kartoffeln darin in 5 Min. braun braten, salzen und wenden. Zwiebelwürfel und 4 EL Speckwürfel zuge-

ben, 5 Min. braten. 4 Eier mit Salz und Pfeffer verrühren, angießen und abgedeckt in 5 Min. stocken lassen.

Tortilla mit Tomatensalsa

Für 4 Vorspeisen:

2 Eier verschlagen, salzen und pfeffern. 1 Zwiebel schälen, fein hacken, die Hälfte unter die Eier rühren. Etwa 3 Pellkartoffeln pellen, in Würfel schneiden, salzen und pfeffern. 2 EL Öl in einer Pfanne erhitzen, Kartoffeln gleichmäßig darin verteilen, Zwiebel-Ei-Mischung angießen, abgedeckt bei mittlerer Hitze 10 Min. backen, mit einem Pfannenwender oder großen Teller wenden. Mit 3 EL Reibekäse bestreuen, abgedeckt in 10 Min. fest werden lassen. Inzwischen 2 Tomaten waschen, hacken. Mit der restlichen Zwiebel und 1 fein gehackten Chilischote mischen, salzen und pfeffern. Tortilla in Stücke schneiden und auf einem Tomatensalsaspiegel servieren.

Käse-Kartoffel-Scheibchen

Für 2 Vorspeisen:

2–3 Pellkartoffeln pellen, in dünne Scheiben schneiden. 2 EL Öl in einer Pfanne erhitzen, Kartoffeln darin bei mittlerer Hitze auf einer Seite knusprig braten. Inzwischen 50 g Ziegenkäse klein schneiden, mit ½ TL edelsüßem Paprikapulver

mischen. Käse auf den Kartoffeln verteilen, abgedeckt 3 Min. weiterbraten, bis der Käse geschmolzen ist. 1 Handvoll Rucola waschen, putzen, auf Teller verteilen, die Kartoffeln darauf anrichten.

Kartoffelsalat mit Weißweindressing

Für 2 Beilagen:

4–6 Pellkartoffeln pellen, in dünne Scheiben schneiden, in eine Schüssel geben. 3 EL Butter zerlassen, kräftig salzen und pfeffern. 1 Glas Weißwein und 1 EL Weißweinessig zugeben, warm über die Kartoffeln gießen und unterrühren. 4 EL fein gehackte Petersilie unterrühren, mit Salz und Pfeffer nachwürzen.
TIPP: Zum Marinieren den Kartoffelsalat abgedeckt bei Zimmertemperatur ziehen lassen, damit die Butter nicht fest wird. Vor dem Servieren gut durchrühren, eventuell noch nachsalzen.

Kartoffel-Lachs-Salat

Für 2 Hauptgerichte oder 4 Vorspeisen:

200 Räucherlachs in feine Streifen schneiden. Etwa 4 Pellkartoffeln in dünne Scheiben schneiden. Beides auf einem Teller anrichten. Aus 150 g Joghurt, 2 EL Dillspitzen, dem Saft (und eventuell der Schale) von 1 Orange und 1 EL Senf ein Dressing

zubereiten, mit Salz und Pfeffer kräftig würzen. Das Dressing über den Salat träufeln.

Griechischer Kartoffelsalat

Pro Portion:

50 g Fetakäse in eine Schüssel bröckeln. Etwa 2 Pellkartoffeln pellen, würfeln und unterrühren. Mit einem Dressing aus 2 EL Olivenöl, 1 EL Essig, Salz, Pfeffer und ½ TL Thymian beträufeln, verrühren. 1 kleine Zwiebel schälen, fein würfeln. ½ Salatgurke waschen, in dünne Scheiben schneiden. Zwiebel und Gurke unterrühren. Den Salat noch mal salzen und pfeffern.

Ofengemüse

Für 3–4 vegetarische Hauptgerichte:

Etwa 800 g Wurzelgemüse putzen, grob hacken. 3–6 Pellkartoffeln pellen, in grobe Stücke schneiden, kleine Kartoffeln ganz lassen. Gemüse und Kartoffeln in eine Auflaufform füllen, mit 4 EL Olivenöl und 1 TL Essig beträufeln. 200 ml Brühe zugießen, salzen und pfeffern. 2 Knoblauchzehen schälen, halbieren, mit 3 Rosmarinzweigen zwischen das Gemüse stecken. Im vorgeheizten Ofen bei 180° in 35 Min. das Gemüse weich garen.

Rezepte

Skordalia

Für 2 Portionen als Aufstrich oder Beilage:

1–3 Knoblauchzehen schälen, fein reiben oder durchpressen. Mit 2 EL Olivenöl und Salz verrühren, in einem Töpfchen erwärmen. 3 große Salzkartoffeln fein reiben oder durch die Presse drücken, unterrühren und mit dem Saft von 1 Zitrone abschmecken.

Pommes Anna

Für 4 Beilagen:

4 EL Butter in einem Töpfchen zerlassen. Etwa 4 (ganze) Salzkartoffeln in dünne Scheiben schneiden, salzen und pfeffern. In 4 Lagen in eine kleine Auflaufform schichten, dabei jede Lage mit 1 EL Butter bestreichen. Alufolie fest in die Form drücken. Im vorgeheizten Ofen bei 200° 15 Min. backen, Folie abnehmen und weitere 15 Min. backen, bis sich eine schöne Kruste gebildet hat.

Kartoffelcremesüppchen

Für 4 Vorspeisen:

1 l Brühe erhitzen. 2 Möhren schälen, grob würfeln. 1 kleine Zwiebel und 1 kleine Knoblauchzehe schälen, beides fein würfeln. Etwa 4 (ganze) Salzkartoffeln hacken. Alles in die Brühe geben, salzen und pfeffern, einmal aufkochen, dann abgedeckt 15 Min. köcheln lassen. Mit dem Pürierstab pürieren, durch ein Haarsieb passieren, auf tiefe Teller verteilen. Mit 4 EL Schnittlauchröllchen oder zerzupftem Kerbel bestreuen.

Apfel-Kartoffel-Gratin

Für 2 Hauptgerichte:

3 Äpfel waschen, entkernen, in dickere Schnitze schneiden. 2 EL Butter in einer Pfanne zerlassen, 1 EL Zucker darin bei kleiner Hitze karamellisieren lassen. Apfel darin 3 Min. anbraten. Etwa 3 (ganze) Salzkartoffeln in Größe der Apfelschnitze schneiden, zugeben. Mit Salz, Pfeffer und ½ TL Thymian würzen. In eine mit Butter eingefettete Auflaufform geben. 150 g Crème fraîche und 3 EL Reibekäse verrühren und darüberlöffeln. Im vorgeheizten Ofen bei 180° etwa 20 Min. backen.

Kartoffel-Meerrettich-Püree

Für 2 Beilagen:

100 g Sahne in einem Topf erwärmen, 3 EL Butter darin zerlassen. 3 große Salzkartoffeln durch eine Kartoffelpresse drücken und unterrühren. Mit 2 EL Meerrettich abschmecken, salzen und pfeffern.

Irisches Kartoffelpüree

Für 2 Beilagen:

4 Frühlingszwiebeln putzen, waschen und in Röllchen schneiden. 3 EL Milch in einem Topf erwärmen, Frühlingszwiebeln darin 5 Min. ziehen lassen. 4 (ganze) Salzkartoffeln durch eine Kartoffelpresse drücken, unter die Milch rühren, 3–5 Min. köcheln lassen. Mit Salz und Pfeffer würzen. Auf Tellern anrichten, in die Mitte eine Vertiefung drücken und pro Portion 2 EL Butter hineinsetzen.
TIPP: Traditionell isst man das Püree von außen nach innen, damit die Butter im warmen Kartoffelpüree langsam schmilzt. Lauchstreifen anstelle der Frühlingszwiebeln 10 Min. in der Milch ziehen lassen.

Kartoffelküchlein

Pro Portion:

3 EL Sahne mit 1 TL Mehl verrühren, 2–3 (ganze) Salzkartoffeln durch die Kartoffelpresse dazudrücken und vermischen. Mit 1 Msp. Muskat, Salz und Pfeffer kräftig würzen. Masse zu Plätzchen formen, auf ein mit Backpapier belegtes Backblech setzen und abwechselnd mit je 1 TL Thymian und Kümmel bestreuen. Im vorgeheizten Ofen bei 180° etwa 30 Min. backen, bis die Ränder braun und knusprig werden.

Artischockenauflauf

*Für 1 vegetarisches Hauptgericht
oder 2 Beilagen:*

3 Artischockenherzen in Scheiben schneiden. 3–4 (ganze) Salzkartoffeln in Scheiben schneiden, mit Artischockenherzen mischen, in eine eingefettete Auflaufform schichten. Saft und Schale von 1 Bio-Zitrone mit 100 g Crème fraîche, 2 EL frisch gehackter Petersilie, Salz und Pfeffer verrühren und unterrühren. Mit 2 EL Reibekäse bestreuen. Im vorgeheizten Ofen bei 180° etwa 20–25 Min. backen, bis sich eine Kruste gebildet hat und der Auflauf fest geworden ist.

Kartoffelbrot

Für 1 Brot:

1 Würfel frische oder 1 Tütchen Hefe mit 3 EL Honig und 250 ml warmer Milch verrühren und 10 Min. gehen lassen, bis die Hefe aktiv wird und Bläschen bildet. 4 EL Butter zerlassen. 3 (ganze) Salzkartoffeln zerdrücken, mit 400 g Mehl, 1 EL Salz und Butter unterrühren. Den Teig verkneten und abgedeckt 1 Std. auf das Doppelte aufgehen lassen. Inzwischen den Ofen auf 250° vorheizen. Teig in eine mit Backpapier ausgekleidete, große Kastenform geben, abgedeckt 30 Min. gehen lassen. Im vorgeheizten Backofen bei 190°

etwa 30–40 Min. backen. Gartest machen: Mit den Fingerknöcheln auf die Unterseite des Brots klopfen. Klingt es hohl, ist das Brot durchgebacken.

Ruckzuck-Brotaufstrich

Für 2–3 Brotscheiben:

1 Knoblauchzehe pellen, hacken. Das Innere von 1 Ofenkartoffel aus der Schale lösen, mit dem Saft von 1 Zitrone, 2 EL Olivenöl, Knoblauch, Salz und Pfeffer mit dem Pürierstab cremig verrühren. Eventuell mit 1 EL grob gehackten Mandeln bestreuen.

Kartoffel-Bohnen-Dip

Für 4–5 Brotscheiben:

1 Ofenkartoffel pellen. 1 kleine Dose Kidneybohnen abgießen, kalt abspülen. 1 kleine Knoblauchzehe schälen, hacken. Mit Kartoffel, Bohnen, 150 g Quark und dem Saft von 1 Zitrone mit dem Pürierstab cremig verrühren, salzen und pfeffern.

Prinzesskartoffeln

Für 2 Beilagen:

60 g Butter in einem Pfännchen zerlassen, 2 Eigelbe unterrühren. Das Innere von 1 Ofenkartoffel aus der Schale lösen, durch eine Kartoffelpresse in die Eibutter

drücken und unterrühren. 3 EL Sahne unterziehen. Mit 1 Msp. Muskat, Salz und Pfeffer würzen. Masse mit dem Spritzbeutel in Häufchen auf ein mit Backpapier belegtes Backblech spritzen. Im vorgeheizten Backofen bei 180° etwa 10 Min. backen.

Kartoffel-Tarteletts

Für 4 Vorspeisen:

2 Platten TK-Blätterteig in 4 eingefettete Auflaufförmchen einpassen, gleichmäßig mit 1 Gabel einstechen, im Gefrierfach 10 Min. kühlen. Inzwischen das Innere von 1 Ofenkartoffel aus der Schale lösen, durch eine Kartoffelpresse drücken. Mit 2 EL Butter, 2 EL Crème double und 2 EL Schnittlauchröllchen vermischen, salzen und pfeffern. In die Formen füllen, mit 2 EL Reibekäse bestreuen. Im vorgeheizten Ofen bei 200° etwa 10 Min. backen.

Kartoffel-Käse-Plätzchen

Für 4 Vorspeisen:

50 g Blauschimmelkäse mit 1 Ei, etwa 3 EL Kartoffelpüree und 2 EL Frühlingszwiebelringen verrühren, salzen und pfeffern. In Häufchen auf ein mit Backpapier belegtes Backblech legen, mit 2 EL Semmelbröseln bestreuen und im vorgeheizten Ofen bei 190° in 15 Min. knusprig backen.

Rezepte

Pie mit Kartoffelkruste

Für 2 Hauptgerichte oder 4 Vorspeisen:

1 kleine Zwiebel schälen, fein hacken. 2 EL Öl erhitzen, 250 g Hackfleisch darin anbraten, salzen und pfeffern. Zwiebel unterrühren, mit ½ TL Worcestersauce und/oder Sojasauce würzen. 2 Tomaten waschen, hacken und unterrühren. Hackfleisch mit Tomaten in eine kleine eingefettete Auflaufform füllen. 4 EL Kartoffelpüree mit 2 EL Milch verrühren, daraufstreichen. 4 EL Butter in Flöckchen obendrauf geben. Im vorgeheizten Ofen bei 180° etwa 20 Min. backen.

Grillfisch mit Füllung

Pro Portion:

1 küchenfertige Makrele kalt abspülen, trocken tupfen, mit dem Saft von ½ Zitrone beträufeln, salzen. 3 EL Kartoffelpüree und 1 EL Pesto verrühren, kräftig mit Salz und Pfeffer würzen und den Fisch damit füllen. Fisch mit 1 EL Öl bestreichen und auf dem Grill oder unter dem Backofengrill von beiden Seiten 5–8 Min. grillen.

Schnelle Gnocchi-Pfanne

Für 4–6 Vorspeisen:

1 kg Spinat verlesen, zweimal waschen. Frischen Spinat oder 300 g TK-Spinat mit ½ TL Muskat, Salz und Pfeffer ohne Wasserzugabe in 5 Min. garen, dann gut ausdrücken. 4–6 EL Gnocchi mit 150 g Sahne und 4 EL Reibekäse in einem Töpfchen erwärmen. Spinat zerpflücken oder hacken und unterrühren. Salzen, pfeffern und eventuell noch mit Muskat nachwürzen.

Zucchinigemüse mit Gnocchi

Für 4 Vorspeisen:

2 Zucchini waschen, putzen, in dünne Scheiben schneiden. In 2 EL Olivenöl bei mittlerer Hitze von beiden Seiten in 5 Min. garen. 1 Knoblauchzehe schälen, fein hacken. Mit 1 EL fein gehackten Rosmarinnadeln und 1 EL Salz verrühren, unter das Gemüse ziehen, mit 1 EL Essig ablöschen. 4 EL oder mehr Gnocchi unterrühren und abgedeckt 2 Min. ziehen lassen.

Gnocchigratin mit Petersilienöl

Für 2 Hauptgerichte:

250 g Hackfleisch in 2 EL Olivenöl in 5 Min. anbraten, salzen und pfeffern. 4 EL oder mehr Gnocchi mit 200 g Tomatensauce und 3 EL frisch gehackter Petersilie unterrühren. Die Mischung in eine kleine eingefettete Auflaufform füllen. 1 Kugel Mozzarella in Scheiben schneiden, darauflegen. Im vorgeheizten Ofen bei 180° etwa 20 Min. backen, bis sich eine mittelbraune Kruste gebildet hat. Inzwischen 6 Petersilienstängel ohne Blätter fein hacken, in 4 EL Olivenöl zerdrücken, bis zum Ende der Garzeit des Gratins ziehen lassen, dann abseihen. Gratin auf großen Tellern anrichten, mit Petersilienöl beträufeln.

Gebackene Kräuterklöße

Für 4 Vorspeisen:

1 Handvoll frische Kräuter waschen, fein hacken. 2 gegarte Kartoffelklöße in dünne Scheiben schneiden. Diese erst in 3 EL Mehl, in 1 verschlagenen Ei, dann in den Kräutern und in 4 EL Semmelbröseln wenden. 3 EL Öl erhitzen, Kloßscheiben darin bei mittlerer Hitze von beiden Seiten in 8–10 Min. knusprig braun braten.

Speckklöße mit Birnenconfit

Für 4 Vorspeisen:

2 Birnen waschen, halbieren, entkernen, in feine Scheiben schneiden. Mit dem Saft von 1 Zitrone beträufeln. In 2 EL Butter mit ½ TL Thymian in 5–8 Min. weich garen. Inzwischen 2 gegarte Kartoffelklöße in Scheiben schneiden. Speckwürfel mit 2 EL

Butter in einer Pfanne anbraten, Klöße zugeben, 5 Min. braten. Auf Tellern anrichten. Birnenconfit dazu reichen.

TIPP: Birnen mit 2 EL Birnenschnaps beträufeln. Der Alkoholgehalt muss über 40% liegen. Ein langes Streichholz an den Pfannenrand halten und den Alkohol entzünden. Durch Ruckeln an der Pfanne geht die Flamme sofort aus.

Sauerkraut mit Schinkenklößchen

Für 4 Vorspeisen:

2 gegarte Kartoffelklöße halbieren, mit je 1–2 dünnen Scheiben rohem Schinken umwickeln, eventuell mit Holzspießchen feststecken. In 2 EL Öl von beiden Seiten in 5 Min. knusprig braten. Inzwischen von 250 g Sauerkraut 3 EL abnehmen, Rest erwärmen. 150 g Crème fraîche unter das Sauerkraut rühren, eventuell salzen und pfeffern, 5 Min. kochen lassen. Kaltes Sauerkraut unterrühren. Auf Tellern anrichten, die Schinkenklößchen darauflegen.

TIPP: Beim Erwärmen verliert Sauerkraut an Vitamin C; deshalb wird es mit rohem Sauerkraut gemixt.

Reis & Co.

Gebratener Reis

Pro Portion:

1 EL Öl erhitzen, 3 EL oder mehr gegarten Reis darin bei mittlerer Hitze anbraten. 2 Eier verschlagen, unterrühren. Reis mit 1 EL Sojasauce, 1 TL Sake oder Aceto balsamico und 2 EL frisch gehackten Kräutern, Salz und Pfeffer würzen.

Reis-Tomaten-Pfanne

Für 2 leichte Hauptgerichte:

1 kleine Zwiebel schälen, fein hacken. 1 Knoblauchzehe schälen, fein hacken. Beides in 2 EL Öl in 5 Min. glasig dünsten. 3 EL oder mehr gegarten Reis zugeben und knusprig braten. 4–6 Tomaten waschen, hacken. Gehackte Tomaten oder 1 kleine Dose Tomaten und 1 EL Tomatenmark unterrühren, mit Salz, Pfeffer und etwas Schärfe, z. B. Harissa, abschmecken. Abgedeckt 5 Min. köcheln lassen.

Kidneybohnenragout

Für 2 Hauptgerichte:

1 Dose Kidneybohnen abgießen, kalt abspülen. 2 EL Öl in einer Pfanne erhitzen, 6 Scheiben Salami darin kurz anbraten. Kidneybohnen, 3 EL oder mehr gegarten

Reis, 2 EL frisch gehackte Petersilie und 100 g Schmant zugeben, einmal aufkochen und abgedeckt bei kleiner Hitze 3 Min. ziehen lassen. Mit 2–4 Spritzern Tabasco und Salz würzen.

Gemüse-Reis-Salat

Für 3–4 Hauptgerichte:

500 g weißen Spargel schälen. Grünen Spargel nicht schälen, nur die holzigen Enden abbrechen. Spargel in 3 cm lange Stücke schneiden, in kochendem Salzwasser in 5 Min. bissfest garen. Oder 4 Möhren schälen, in feine Scheiben schneiden, in wenig Salzwasser in 8 Min. garen. 100 ml Kochwasser abnehmen. 2 EL Öl erhitzen, 300 g TK-Erbsen darin auftauen lassen. 4 EL oder mehr Reis in eine Schüssel geben, mit einer Gabel lockern. Spargel oder Möhren, Erbsen und 4 EL fein gehackten Kerbel unterziehen. Aus 4 EL Crème fraîche oder Schmant, etwas Kochwasser, 1 TL Essig, 1 EL Öl, Salz und Pfeffer ein Dressing zubereiten und unterrühren.

Rezepte

Reissalat à la Sushi

Für 2 Vorspeisen:

3 EL oder mehr gegarten Reis mit einer Gabel lockern, in der Mitte einer Platte anrichten. 1 reife Avocado schälen, in dünne Scheiben schneiden. 1 Salatgurke schälen, längs halbieren, entkernen und in dünne Scheiben schneiden. Mit Avocado um den Reis herum anrichten. 100 g rohen Thunfisch oder Lachs hauchdünn aufschneiden oder 1 Dose Thunfisch abtropfen lassen. Den Fisch auf dem Reis anrichten. Aus 1 EL Öl, dem Saft von 1 Zitrone, 2 EL Sojasauce und 1 TL Wasabipaste ein Dressing zubereiten, eventuell salzen und pfeffern und über den Salat träufeln.

Käsekroketten

Für 2 Vorspeisen:

1 Ei verschlagen. 1 Kugel Mozzarella in kleine Würfel schneiden, mit 4 EL gegartem Risotto und Ei vermischen. Eventuell noch mit Salz und Pfeffer würzen. Aus dem Reis Kroketten formen. Kroketten erst in 2 EL Mehl, dann in 2 EL Semmelbröseln wälzen. 2 EL Öl in einer beschichteten Pfanne erhitzen, Kroketten darin goldbraun braten. Auf Küchenpapier abtropfen lassen. 400 ml Tomatensauce erwärmen, als Dip dazu servieren.

Risottotarte

Für 4 Vorspeisen:

1 Paprikaschote putzen, waschen, fein würfeln. 4 EL oder mehr gegarten Risotto in eine kleine mit Öl eingefettete Auflaufform geben, Paprikawürfelchen und 2 EL entsteinte Oliven darauf verteilen. 1 Kugel Mozzarella in Scheiben schneiden, obendrauf legen. Im vorgeheizten Backofen bei 190° in 20 Min. goldbraun backen.

Gefüllte Weinblätter

Für 2 Vorspeisen:

6 Weinblätter nach Packungsangabe vorbereiten. Etwa 4 EL gegarten Risottoreis mit je 1 EL Pinienkernen und Rosinen mischen. Mit ½ TL Thymian würzen, eventuell salzen und pfeffern. Weinblätter damit füllen, seitlich einschlagen und aufrollen. 3 EL Tomatensauce mit 2 EL heißem Wasser verrühren. Weinblätter in eine kleine Auflaufform legen, Tomatensauce dazugießen, abgedeckt im vorgeheizten Ofen bei 180° in 25 Min. garen.

Risotto-Crôutons

Für 2 Vorspeisen oder 4 Häppchen:

50 g Ziegenkäse klein schneiden, mit 2 EL Olivenöl, je ½ TL Thymian und Honig verrühren. Eventuell salzen und pfeffern. Für die Häppchen 1 EL Olivenöl erhitzen. 4 EL gegarten Risotto in kleinen Häufchen hineinsetzen, mit dem Löffelrücken flach drücken, in 5 Min. knusprig braten. Ziegenkäsemasse darauf verteilen und abgedeckt in 2 Min. schmelzen lassen.

Frühstücksreis

Für 4 sättigende Frühstücke:

500 g Joghurt mit 2 EL Vanillezucker verrühren. 4 EL oder mehr gegarten Milchreis mit 2 EL Wasser unter Rühren erwärmen. 2–4 EL Rosinen unterrühren, kurz quellen lassen. Milchreis unter den Joghurt rühren, in Schalen anrichten und mit 4 EL Nüssen und 1 TL Zimtpulver bestreuen.

Pflaumenreisdessert

Für 2 Desserts:

Etwa 4 EL gegarten Milchreis mit 1–2 EL Wasser unter Rühren erwärmen. 100 g Sahne steif schlagen. 4 Pflaumen waschen, halbieren, entsteinen und mit 1 EL Pflaumenschnaps oder Brandy beträufeln. Mit ½ TL Zimtpulver bestreuen. Milchreis in hohen Gläsern anrichten, darüber die Pflaumen und die Sahne schichten. **TIPP:** Den Alkohol weglassen, statt dessen 3 EL braunen Zucker in 1–2 EL Wasser erwärmen und auflösen. Milchreis zugeben, erwärmen und anrichten.

Ananas-Reis

Für 4 Desserts:

1 Ananas schälen, in Stücke schneiden. 3 EL Butter in einer Pfanne erwärmen, 3 EL Zucker darin schmelzen lassen. Fruchtfleisch zugeben, bei kleiner Hitze karamellisieren lassen. Aus der Pfanne heben. 2 EL Butter in derselben Pfanne erwärmen, 4 EL oder mehr gegarten Milchreis darin braten. Auf Tellern mit Ananasscheiben anrichten und mit 4 EL zerbröselten Keksen, z. B. Amarettini, bestreuen.

Salat-Wraps

Für 5–6 Vorspeisen:

Die Blätter von 1 Radicchio lösen, waschen, trocken tupfen. 4 EL oder mehr gegarten Paellareis mit 2 EL Olivenöl und dem Saft von 1 Zitrone mischen. 1 Dose Thunfisch abtropfen lassen, zerpflücken und unter den Reis rühren, salzen und pfeffern. Füllung in die Radicchioblätter löffeln, mit Holzspießchen feststecken.

Würziges Pfannengemüse

Für 3–4 Hauptgerichte:

2 Paprikaschoten putzen, waschen, klein würfeln. 4 Frühlingszwiebeln putzen, waschen, in Ringe schneiden. 2 EL Öl in einer Pfanne erwärmen, Paprikaschoten

darin 5 Min. anbraten. Frühlingszwiebeln und 4 EL oder mehr gegarten Paellareis unterrühren, salzen und pfeffern. Mit ½ TL Harissa oder 1 kleinen, fein gehackten Chilischote kräftig würzen.

Gefüllte Tomate

Pro Portion:

1 Tomate waschen, einen Deckel abschneiden, entkernen. 2 EL gegarten Paellareis mit 1 TL trockenem Sherry und 2 EL frisch gehackter Petersilie verrühren, eventuell salzen und pfeffern. Die Tomate damit füllen, Deckel auflegen, im Kühlschrank 1 Std. ziehen lassen.

Kichererbsen-Couscous-Salat

Für 4 Vorspeisen oder 1 Partysalat:

1 Dose Kichererbsen abgießen, kalt abbrausen. 4 Tomaten waschen, hacken, mit 3 EL oder mehr gegartem Couscous in eine Schüssel geben. Aus etwa 3 EL Olivenöl, dem Saft von 1 Zitrone, Salz und Pfeffer und 3 EL gehackter Petersilie ein Dressing zubereiten, unterrühren.

Couscous-Aprikosen-Dessert

Für 2 Desserts:

8 getrocknete Aprikosen mit kochendem Wasser bedecken, 5 Min. quellen lassen,

in feine Streifen schneiden. 2 EL Einweichwasser mit 2 EL Olivenöl und dem Saft von 1 Zitrone verrühren. 3 EL oder mehr gegarten Couscous und Aprikosen unterrühren. In Gläser füllen, mit 2 EL gehackten Mandeln und 2 EL gehackter Minze bestreuen.

Couscous mit Lachs

Pro Portion:

Etwa 200 g Lachsfilet kalt abwaschen, trocken tupfen, salzen, pfeffern. In 2 EL Olivenöl bei mittlerer Hitze von beiden Seiten 4 Min. braten. Inzwischen 3 EL oder mehr gegarten Couscous mit 2 EL Olivenöl, 2 EL Oliven, 2 EL gehackter Petersilie und mit dem Saft von 1 Zitrone verrühren, mit Salz und Pfeffer würzen. Auf einen Teller geben, den Lachs darauflegen.

Bulgursalat

Pro Portion:

3 Tomaten waschen und fein hacken. Mit 3 EL Olivenöl und dem Saft von 1 Zitrone verrühren, salzen und pfeffern. 3 EL oder mehr gegarten Bulgur unterrühren und 5 Min. ziehen lassen. 2 EL gehackte Petersilie und 1 EL gehackte Minze unterrühren.

Rezepte

Gefüllte Paprikaschoten

Für 4 Vorspeisen:

2 rote oder gelbe Paprikaschoten putzen, halbieren, waschen. 4 EL oder mehr gegarten Bulgur mit 3 EL Joghurt, 2 EL gehackten Kapern, dem Saft von 1 Zitrone verrühren, salzen, pfeffern. Die Paprikahälften damit füllen. Mit 4 EL Sprossen garnieren.

Orientalische Fleischbällchen

Für 2 kleine Hauptgerichte:

1 kleine Zwiebel schälen, fein würfeln. Mit 250 g Hackfleisch, 2 EL gehackter Petersilie, 50 g zerkrümeltem Fetakäse und etwa 3 EL gekochtem Bulgur mischen. Kräftig mit Salz, Pfeffer und 1 TL Kreuzkümmel würzen. Aus der Masse kleine Bällchen formen. 3 EL Öl in einer Pfanne erhitzen, Fleischbällchen darin von allen Seiten 10–15 Min. braten.

Möhrenpuffer

Für 2 Vorspeisen:

2 Möhren putzen, schälen, fein reiben. Mit 4 EL gegarter Hirse, 2 EL gehackten Kräutern und 2 EL Reibekäse verrühren, salzen und pfeffern. 2–3 EL Öl erhitzen, die Masse zu kleinen Puffern formen und darin von beiden Seiten in 5 Min. braun braten.

Hirsemüsli

Pro Portion:

2 EL gegarte Hirse mit 4 EL Haferflocken und 100 g Joghurt oder 60 ml Milch verrühren. 2 EL Cranberrys, 1 TL Honig und 2 EL Kürbiskerne unterziehen.

Gefüllte Zucchini

Für 4 Vorspeisen:

2 Zucchini waschen, putzen, längs halbieren, etwas aushöhlen, ausgehöhltes Fruchtfleisch fein hacken. 2 Tomaten waschen, fein hacken. 4 getrocknete Tomaten fein hacken. Etwa 4 EL gegarte Hirse mit frischen und getrockneten Tomaten, gehacktem Zucchinifruchtfleisch, 2 EL gehackten Oliven und 4 EL Reibekäse verrühren. Zucchinihälften damit füllen. Im vorgeheizten Ofen bei 180° in 20 Min. knusprig braun backen.

Polentawürfel in Zitronenbutter

Pro Portion:

1 EL Thymian oder ½ TL Salbei in 3 EL Butter erwärmen, mit dem Saft von 1 Zitrone ablöschen. Mit Salz und Pfeffer würzen. Etwa 3 EL gegarten Polentarest in Würfel schneiden, in der Zitronenbutter rundum 3 Min. braun braten.

Polenta-Speck-Nocken

Für 2 Vorspeisen:

Aus etwa 4 EL gegarten Polentaresten große Nocken abstechen. Rundum mit etwa 2 EL geriebenem Parmesan, ½ TL Thymian und Pfeffer würzen, jede Nocke mit einem dünnen Streifen Frühstücksspeck umwickeln. 2 EL Öl in einer Pfanne erhitzen, Nocken darin vorsichtig von allen Seiten in 3–5 Min. knusprig braun braten.

Süße Polenta

Für 4 Desserts:

4 EL Rosinen in 2 EL Marsala, Limoncello oder Orangenblütensirup einweichen. 4 EL oder mehr gegarte Polentareste klein schneiden. 2 EL Zucker mit 250 g Ricottakäse oder ausgedrücktem Sahnequark verrühren. In 4 schöne Gläser lagenweise Polenta, Ricotta und Rosinen einschichten. Mit Mandelblättchen bestreuen.

Gemüse

Auberginen-Dip

Pro Portion:

½ Aubergine fein würfeln, salzen. 2 EL Öl erhitzen, Aubergine darin bei kleiner Hitze unter Rühren 8 Min. anbraten. (3 EL oder mehr bereits zubereitete Aubergine nur leicht erwärmen). 100 g zerbröckelten Fetakäse unterrühren, kräftig mit Aceto balsamico und Thymian würzen. Eventuell salzen und pfeffern.

Pasta mit Auberginengemüse

Für 1 Hauptgericht oder 2 Vorspeisen:

½ Aubergine fein würfeln, salzen. 2 Tomaten waschen, hacken. 2 EL Öl erhitzen, Aubergine darin bei kleiner Hitze unter Rühren 8 Min. anbraten, bis sie glasig ist. Frische Tomaten oder 1 kleine Dose Tomaten zugeben und weich köcheln. (3 EL oder mehr bereits zubereitete Aubergine zusammen mit den Tomaten köcheln lassen). Inzwischen 100 g Pasta nach Packungsangabe in Salzwasser al dente garen. Pasta direkt aus dem Topf unter das Gemüse heben. 2 EL gehackte Petersilie, 2 EL Reibekäse, 2–3 EL gehackte Oliven oder 1 TL fein gehackten Knoblauch unterrühren, mit 1 EL Essig, Salz und Pfeffer abschmecken.

Hackfleischbällchen

Pro Portion:

½ Aubergine fein würfeln, salzen. 1 Zwiebel schälen, fein hacken. 2 Tomaten waschen, hacken. 2 EL Öl erhitzen, Aubergine mit Zwiebel darin bei kleiner Hitze

unter Rühren 8 Min. anbraten, aus der Pfanne nehmen. (3 EL oder mehr bereits zubereitete Aubergine erst später in die Sauce geben). 150 g Hackfleisch unterrühren, kräftig mit ½ TL Thymian, etwas Schärfe, Salz und Pfeffer würzen, zu Bällchen formen. In 4 EL Pinienkernen wälzen. In 2 EL Öl bei mittlerer Hitze in 10 Min. bei leichter Hitze hellbraun anbraten. Tomaten und Aubergine unterrühren und abgedeckt 5 Min. ziehen lassen.

Avocado-Joghurt-Creme

Für 1 Tasse:

1 Avocado halbieren, den Stein entfernen, die Hälften schälen, mit 1 EL Aceto balsamico und Salz zerdrücken. 200 g Joghurt unterrühren, mit Salz, Pfeffer und etwas Schärfe würzen.

Avocado-Dip

Für 1 Tasse:

1 Avocado halbieren, den Stein entfernen, die Hälften schälen, mit dem Saft von 1 Zitrone oder Limette beträufeln und zerdrücken. 2 Tomaten waschen, hacken. 1 Chilischote mit oder ohne Kerne fein schneiden. Mit Tomaten, 3 EL gehackter Petersilie, 3 EL gehackten Frühlingsröllchen oder 2 EL gehacktem Koriandergrün unter die Avocado rühren, mit Salz und Pfeffer würzen.

Fischpäckchen mit Avocadosauce

Pro Portion:

1 Fischfilet waschen, trocken tupfen, 1 Zitrone auspressen. Das Filet mit der Hälfte vom Zitronensaft beträufeln, mit Kräutersalz bestreuen. In Alufolie wickeln und im vorgeheizten Ofen bei 180° in 10 Min. garen. 1 Avocado halbieren, den Stein entfernen, die Hälften schälen, mit dem restlichen Zitronensaft beträufeln und zerdrücken, mit Paprikapulver, Salz und Pfeffer würzen. Garsud vom Fisch unter die Avocado rühren. Avocadosauce und Fisch im Päckchen anrichten.

Hamburger mit Avocadocreme

Pro Portion:

150 g Hackfleisch mit Salz und Pfeffer würzen, zu einem flachen Burger formen. In 2 EL Öl von beiden Seiten 5–8 Min. braten. 1 Avocado halbieren, den Stein entfernen, die Hälften schälen, zerdrücken und mit dem Saft von 1 Zitrone beträufeln. 1 kleine Knoblauchzehe schälen, dazupressen. Avocado mit ½ TL rosenscharfen Paprikapulver, Salz und Pfeffer kräftig würzen. 1 Hamburger-Brötchen oder 1 Stück Baguette halbieren, die Hälften mit Creme bestreichen, den Burger zwischen die Hälften legen.

Rezepte

Rezepte

Blumenkohlcreme

Für 1 Tasse:

1 Handvoll rohen Blumenkohl waschen, putzen und hacken. In 200 ml Salzwasser in 5 Min. weich garen (oder 3–4 EL bereits zubereitetes Blumenkohlgemüse nehmen). Inzwischen 1 Knoblauchzehe schälen, fein hacken. Knoblauch, abgetropften Blumenkohl, 2 EL Crème fraîche, 2 EL gehackte Petersilie, 1 gehackte Kirschpaprika oder 1 TL Schärfe (z. B. rosenscharfes Paprikapulver) mit Salz und Pfeffer pürieren.

Feines Cremesüppchen

Für 1 Portion:

1 Handvoll rohen Blumenkohl waschen, putzen und hacken. Mit 1 Glas Weißwein, 150 ml Brühe und 3 EL Sahne in einem Topf aufkochen lassen, abgedeckt bei kleiner Hitze in 5–8 Min. weich garen. (3 EL oder mehr bereits zubereitetes Blumenkohlgemüse nur darin erhitzen.) Blumenkohl mit dem Pürierstab pürieren, die Suppe durch ein Haarsieb passieren, mit 2 EL Dillspitzen, Salz und Pfeffer würzen.

Vegetarisches Curry

Für 3 Hauptgerichte oder 6 Vorspeisen:

4 große Kartoffeln schälen, klein würfeln. 1 Handvoll rohen Blumenkohl waschen, putzen, in Röschen teilen. 1 kleine Dose Kokosmilch mit Kartoffeln, Blumenkohl, 300 g TK-Erbsen und ½ EL Currypulver erhitzen. 200 ml heißes Wasser und 1 EL Kurkumapulver unterrühren, Gemüse 10 Min. köcheln lassen, bis es gar ist. Mit Salz und Pfeffer würzen. (3 EL oder mehr bereits zubereitetes Blumenkohlgemüse kurz vor dem Garzeitende unterrühren.)
TIPP: Kurkumapulver hat ein feines Aroma, färbt Gerichte in einem appetitlichen Orangegelb-Ton und hält sich trocken gelagert 12 Monate.

Pasta mit Brokkoli

Pro Portion:

100 g Pasta nach Packungsangabe in Salzwasser al dente garen. 1 Handvoll rohe Brokkoliröschen 3 Min. vor dem Ende der Garzeit zugeben. 2 EL Olivenöl mit 2 Sardellenfilets in einem Pfännchen erhitzen, Sardellen zerdrücken, ½ TL Schärfe unterrühren. Pasta und Brokkoli aus dem Topf in das Pfännchen heben, alles gut verrühren. (3 EL oder mehr bereits gegarten Brokkoli eventuell fein hacken, in der Pfanne mit der Pasta kurz erwärmen). 2 EL geriebenen Parmesan darüberstreuen, heiß servieren.
TIPP: Sardellen schmecken in der Sauce nicht fischig, sondern schön würzig.

Brokkolisalat

Für 1 Hauptgericht oder 2 Vorspeisen:

2 Eier in 10–12 Min. hart kochen. 1 Handvoll rohen Brokkoli waschen, putzen, in Röschen teilen, in 5 Min. garen. Aus 2 EL Olivenöl, 1 TL Essig und 1 EL gehackten getrockneten Tomaten ein Dressing zubereiten, mit Salz und Pfeffer würzen. 1 EL Kapern hacken und untermischen. Gegarte Brokkoliröschen in Scheibchen schneiden, auf Teller auslegen, mit dem Dressing beträufeln. Eier abschrecken, pellen, fein hacken und über den Salat streuen.
TIPP: Besonders hübsch sieht es aus, wenn die Eier auf der Reibe fein gerieben werden. Diese sogenannten Mimoseneier erinnern an Mimosenblüten.

Brokkoliquiche

Für 2 Hauptgerichte oder 4–5 Vorspeisen:

100 g Mehl mit 50 g geriebener kalter Butter und etwas Salz zu einem Teig verkneten und in eine Quicheform füllen. Im Gefrierfach in 10 Min. fest werden lassen. 1 Handvoll Brokkoli waschen, putzen, in Röschen teilen, in Salzwasser in 5 Min. garen. (3 EL oder mehr bereits gegarten Brokkoli eventuell fein hacken.) Brokkoli mit 2 Eiern, 4 EL Crème fraîche und 2 EL Reibekäse verrühren, leicht salzen, stärker pfeffern, auf dem Teig verteilen. Im vorge-

heizten Ofen bei 180° etwa 30 Min. auf dem Ofenboden backen, nach der Hälfte der Backzeit mit Alufolie abdecken.

Champignoncreme

Pro Portion:

1 kleine Zwiebel schälen, fein würfeln und mit 100 g Frischkäse verrühren. 1 Handvoll frische Champignons putzen, in feine Scheiben schneiden und in 2 EL Öl abgedeckt in 8 Min. garen, dann abkühlen lassen. Frisch gegarte Champignons oder gegarte Reste mit 2 EL frisch gehackten Kräutern unter den Frischkäse ziehen, mit Salz und Pfeffer würzen.
TIPP: Lecker für Vegetarier als Brotaufstrich oder als Creme zu Kartoffeln.

Polenta mit Champignons

Für 1 sättigendes Hauptgericht oder 2 kleine Vorspeisen:

4 EL Instant Polenta in 100 ml Brühe unter ständigem Rühren 5 Min. köcheln lassen, bis die Polenta weich geworden ist. 1 Handvoll frische Champignons putzen, in feine Scheiben schneiden und unterrühren. 2 EL Reibekäse unterziehen, abgedeckt bei kleiner Hitze 5 Min. ziehen lassen. (Oder 3–4 EL gegarte Champignonreste zusammen mit Reibekäse unterrühren.) Vom Herd ziehen, mit Salz und Pfeffer würzen.

Champignontoasts

Für 4 Vorspeisen:

100 g Blauschimmelkäse zerbröckeln und mit 2 TL Sojasauce gut verrühren. 300 g TK-Spinat ohne Wasserzugabe in 5 Min. weich dünsten, salzen. 1 Handvoll frische Champignons putzen, in feine Scheiben schneiden und in 2 EL Öl abgedeckt in 8 Min. garen. Spinat salzen und pfeffern, auf 4–8 Scheiben Brot verteilen. Frisch gegarte Champignons oder 3–4 EL gegarte Reste daraufgeben, mit Blauschimmelkäse bestreuen und im vorgeheizten Ofen bei 200° etwa 5 Min. gratinieren.

Erbsen-Dip

Für 1 Tasse:

3 EL oder mehr bereits gegarte Erbsen mit 3 EL Ricottakäse oder gut ausgedrücktem Quark und der Schale von 1 Bio-Zitrone verrühren, salzen und pfeffern.

Erbsen-Reis

Für 1 Hauptgericht oder 3 Beilagen:

80 g Reis in 200 ml Brühe nach Packungsangabe weich garen. Etwa 4 EL rohe Erbsen in 3–5 Min. weich garen, 3 EL oder mehr bereits zubereitete Erbsen nur erwärmen. Reis mit Erbsen und 2 EL Reibekäse mischen, salzen und pfeffern.

Indische Blätterteigtaschen

Für 2 Vorspeisen oder 4 Minitaschen als Appetithappen:

1 große Kartoffel schälen, klein würfeln und in wenig Salzwasser in 8 Min. weich garen. 2 Platten TK-Blätterteig dünn ausrollen. Kartoffelwürfel mit 2 EL gehackter Petersilie oder 1–2 EL gehacktem Koriandergrün, ½ TL Currypulver und 2 EL oder mehr bereits gegarte Erbsen verrühren, salzen und pfeffern. Blätterteig in Vierecke (etwa 5 x 5 cm) teilen, je 1 EL Füllung in die Mitte der Vierecke setzen, diese zu Dreiecken zusammendrücken. Auf ein mit Backpapier belegtes Backblech legen und im vorgeheizten Ofen bei 200° in 15 Min. knusprig und hellbraun backen.

Kleiner Salat alla siziliana

Pro Portion:

½ rohen Fenchel putzen, waschen, so dünn wie möglich aufschneiden. 1 Orange filetieren. 1 kleine Zwiebel schälen, in dünne Ringe schneiden. Alles auf einem Teller anrichten, mit 2 EL gehackten Oliven bestreuen und 2 EL Olivenöl beträufeln. Mit grobem Pfeffer aus der Mühle würzen.

Rezepte

Fenchelsüppchen

Pro Portion:

½ rohen Fenchel putzen, waschen, grob hacken. 200 ml Brühe aufkochen, Fenchel darin in 5 Min. weich garen. (Oder 3 EL oder mehr bereits gegarten Fenchel nur erwärmen.) Fenchel pürieren, 2 EL Crème fraîche unterrühren, mit Salz und Pfeffer würzen. Mit 1–2 EL geriebenem Parmesan bestreut servieren.

TIPP: Mit dem Sparschäler nach Belieben Parmesan darüberhobeln.

Warm gefülltes Sandwich

Pro Portion:

6 Scheiben Salami oder Chorizo mit 1 Glas Rotwein oder Brühe erwärmen. ½ Fenchel putzen, waschen, in feine Streifen schneiden. (Oder 3 EL oder mehr bereits gegarten Fenchel klein schneiden.) 1 Knoblauchzehe schälen. 2 Scheiben Brot toasten, auf einer Seite mit der Knoblauchzehe einreiben. Die Wurst aus dem Sud nehmen, Rotweinsud bei starker Hitze in 3 Min. einkochen lassen. 1 Brotscheibe mit Fenchel und Wurst belegen, mit Sud beträufeln und die zweite Scheibe darauflegen.

Fenchelgratin

Für 2 Hauptgerichte oder 4 Beilagen:

½ rohen Fenchel putzen, waschen, fein schneiden. (Oder 3 EL oder mehr bereits gegarten Fenchel hacken.) 4 Kartoffeln schälen, in dünne Scheiben schneiden. Kartoffeln abwechselnd mit Fenchel in eine eingefettete Auflaufform schichten. 100 g Sahne mit Salz, Pfeffer und 1 Msp. Muskat würzen und zugießen. 4 EL Reibekäse darüberstreuen. Im vorgeheizten Ofen bei 190° etwa 30 Min. backen.

Cremige Gemüsesauce

Pro Portion:

Etwa 250 ml Gemüsesuppe bei mittlerer Hitze in 5 Min. einkochen lassen. 1 EL Aceto balsamico mit 1 TL fein gehacktem Rosmarin und 2 EL Crème fraîche verrühren und unterrühren. Mit Salz und Pfeffer würzen.

Feurige Pastasauce

Für 1 Hauptgericht oder 4 Appetithappen:

6 Scheiben Chorizo in 1 TL Öl anbraten. 1 TL Tomatenmark, etwas Schärfe, abgeriebene Schale von 1 Bio-Zitrone zugeben. Etwa 250 ml Gemüsesuppe angießen, erhitzen, mit Salz und Pfeffer würzen, 5 Min. ziehen lassen. Inzwischen 100 g kurze Pasta nach Packungsangabe in Salzwasser al dente garen und direkt aus dem Topf in die Sauce heben.

Würstchenragout mit Kräutercrôutons

Für 2 Vorspeisen:

1 kleine Zwiebel und 1 Knoblauchzehe schälen, fein hacken. 1 Scheibe Brot würfeln. 2 EL Öl erhitzen, Zwiebel darin glasig dünsten, herausnehmen. Brot, Knoblauch und 3 EL frisch gehackte Kräuter in 2 EL Öl bei kleiner Hitze anbraten, dabei häufig umrühren, damit die Würfel rundum eine Kräuterkruste bekommen. 2 Wiener Würstchen in 5 EL Gemüsesuppe schneiden und erhitzen. Zwiebel dazugeben. Mit Kräutercrôutons bestreut servieren.

TIPP: Statt Wiener Würstchen Bratwurst in feine Scheiben schneiden und mit der Zwiebel anbraten.

Gemüse-Pie

Für 2 Hauptgerichte:

2 große Kartoffeln schälen, würfeln und in Salzwasser in 10 Min. weich garen. 2 Platten TK-Blätterteig mit einer Gabel gleichmäßig einstechen. Etwa 250 ml Gemüseeintopf mit 1 Ei, 2 EL frisch gehackten Kräutern und Kartoffelstückchen verrühren, mit Salz und Pfeffer würzen und in

zwei kleine eingefettete Auflaufförmchen oder feuerfeste Tassen füllen. Mit Blätterteig abdecken. Im vorgeheizten Ofen bei 200° etwa 15 Min. backen.
TIPP: Unter Blätterteig lässt sich auch anderes Gemüse, z. B. Möhren oder Zucchini, verstecken. Vor dem Backen kurz blanchieren, mit Salz und Pfeffer würzen.

Hackbällchen im Gemüsesud

Für 2–3 Vorspeisen:

1 Scheibe trockenes Toastbrot oder 1 Croissant im Wasser einweichen. 250 g Hackfleisch mit 1 Ei und ausgedrücktem Toastbrot oder Croissant gut vermischen, kräftig salzen und pfeffern. Aus der Masse kleine Bällchen formen, in 2–3 EL Öl von allen Seiten in 5 Min. braun anbraten, etwa 250 ml Gemüseeintopf zugeben und abgedeckt in 15 Min. gar ziehen lassen.

Fixes Bohnensüppchen

Pro Portion:

1 Kartoffel schälen, klein würfeln. 1 Handvoll rohe grüne Bohnen putzen, halbieren. 200 ml Brühe aufkochen lassen, beides darin in 10 Min. weich garen. (3 EL oder mehr bereits gegarte grüne Bohnen erst zugeben, wenn die Kartoffeln gar sind.) 1 EL Pesto und 1 EL Reibekäse unterrühren, mit Salz und Pfeffer würzen.

Bohnensalat mit Rucola

Für 4 Vorspeisen:

1 Handvoll Bohnen waschen, putzen, halbieren und in Salzwasser in 8 Min. garen. 1 kleine Dose Kidney-, Riesen- oder Borlottibohnen abgießen, kalt abbrausen. Mit den gegarten grünen Bohnen mischen. 200 g Rucola waschen, putzen, in Stücke teilen. Alles in eine Schüssel geben. Aus 4 EL Olivenöl, 2 TL Aceto balsamico, Salz und Pfeffer ein Dressing zubereiten und über den Salat träufeln.

Bohnen-Pasta-Salat

Pro Portion oder für 4 Appetithappen:

100 g kurze Pasta nach Packungsangabe in Salzwasser al dente garen. 2 Tomaten waschen, in Scheiben schneiden, mit 4 EL oder mehr gegarten grünen Bohnen und 100 g zerbröckeltem Fetakäse in einer Schüssel mischen, salzen und pfeffern. Oder 1 Handvoll Bohnen waschen, putzen, halbieren und in Salzwasser in 8 Min. garen und untermischen. Pasta direkt aus dem Topf in die Schüssel heben und unterrühren. Aus 2 EL Olivenöl und 1 EL Aceto balsamico ein Dressing zubereiten, über den Salat träufeln. Eventuell mit Salz und Pfeffer nachwürzen.

Reispfanne mit Bohnen

Für 1 Imbiss oder 2 kleine Vorspeisen:

50 g Reis nach Packungsangabe in Salzwasser weich garen. 2 EL Butter und 4 EL oder mehr gegarte grüne Bohnen unterrühren, salzen und pfeffern. 2 EL frisch gehackte Kräuter und 2 EL gehackte Nüsse unterrühren. Oder 1 Handvoll grüne Bohnen waschen, putzen, halbieren, in Salzwasser in 8 Min. garen und unter den Reis mischen.

Kürbischutney

Pro Portion:

1 EL Rosinen mit 1 EL Mandeln und 1–2 EL entsteinten Datteln im Blitzhacker zerkleinern. 1 Handvoll rohen Kürbis putzen, würfeln, in wenig Salzwasser in 5 Min. garen, abtropfen lassen. Frisch gekochten Kürbis oder 4–5 EL bereits gegarten Kürbis mit der Rosinen-Mandel-Paste mischen. Mit etwas Schärfe und 1 Msp. Kardamompulver kräftig würzen.
TIPP: Passt zu Weich- und Hartkäsen, zu Couscous, Tomaten und Lammfleisch.

Rezepte

Pasta mit Kürbissauce

Für 2 Vorspeisen:

100 g kurze Pasta nach Packungsangabe in Salzwasser al dente garen. 1 Handvoll rohen Kürbis putzen, würfeln, in wenig Salzwasser in 5 Min. garen. 3 EL Sahne oder Schmant erwärmen. 2 Salbeiblätter fein schneiden. Frisch gekochten Kürbis oder 4 EL oder mehr bereits gegarten Kürbis, Salbei und 2 EL Reibekäse unterrühren, mit Salz und Pfeffer würzen. Pasta direkt aus dem Topf in die Kürbissauce heben, salzen und pfeffern.

Kürbisbrot

Für 1 Brot:

250 g Kürbis putzen, würfeln in wenig Salzwasser in 5 Min. garen. 250 g Mehl mit je 1 TL Backpulver, Natron und Salz verrühren. 100 g Zucker und 60 ml Öl mit dem Handrührgerät verrühren, nach und nach 2 Eier unterrühren. Die Mehlmischung einarbeiten. 150 g Schmant oder Joghurt, Kürbiswürfel oder 4 EL oder mehr bereits gegarten Kürbis unter den Teig rühren. In einer mittelgroßen Kastenform im vorgeheizten Ofen bei 180° etwa 35 Min. backen.
TIPP: Das Brot passt gut zum Brunch, schmeckt süßlich, erinnert ein bisschen an Kuchen und harmoniert perfekt mit Weichkäse wie Brie oder Ziegenfrischkäse.

Lauchcreme

Pro Portion:

1 Lauchstange putzen, waschen, in feine Ringe schneiden und in wenig Salzwasser in 5 Min. garen. Lauchringe oder 2–3 EL bereits zubereitetes Lauchgemüse mit 100 g Schmant, 2 EL Olivenöl und 1 TL Senf mit dem Pürierstab pürieren, salzen und pfeffern.
TIPP: Fein als Brotaufstrich oder zu geräuchertem Fisch wie Forelle oder Lachs.

Lauchsauce

Für ½ Tasse:

3 EL Butter und 1 Glas Rotwein oder Brühe in einem Topf in 5 Min. auf die Hälfte einkochen lassen. ½ TL Thymianblättchen oder 1 EL Sojasauce unterrühren, salzen und pfeffern. 1 Lauchstange putzen, waschen und in feine Ringe schneiden. 2 EL Butter zerlassen, den Lauch darin in 5 Min. weich dünsten. Lauchringe oder 2–3 EL bereits zubereitetes Lauchgemüse unter die Sauce rühren, salzen, pfeffern.

Lauchquiche

Für 2 Vorspeisen:

1 Platte TK-Blätterteig auf ein mit Backpapier belegtes Blech legen, mit einer Gabel gleichmäßig einstechen, dabei einen Rand von 2 cm frei lassen und hochziehen. Inzwischen 2 Eier mit 1 TL Mehl und 2 EL Reibekäse oder 2 EL geriebenem Ziegenkäse verrühren. 1 Lauchstange putzen, waschen, in dünne Ringe schneiden. Lauchringe oder 2 EL oder mehr bereits zubereitetes Lauchgemüse unter die Eiermasse ziehen, kräftig salzen und pfeffern. Die Füllung auf dem Teig verteilen. Im vorgeheizten Ofen bei 200° auf dem Ofenboden 15–20 Min. backen.
TIPP: Dazu schmeckt ein grüner Salat.

Heißer Powerdrink

Pro Portion:

1 große Möhre putzen, schälen und stifteln. 1 kleine Chilischote fein schneiden (schön scharf wird es mit den Kernen). Möhrenstifte oder 3 EL oder mehr bereits zubereitetes Möhrengemüse mit 100 ml Orangensaft, Chili und 100 ml Brühe erhitzen. Mit dem Pürierstab pürieren, salzen und pfeffern.

Möhrensüppchen

Pro Portion:

1 große Möhre putzen, schälen und grob würfeln. 200 ml Brühe mit den Möhren einmal aufkochen und 5 Min. köcheln lassen. Inzwischen 1 reife Mango schälen, das Fruchtfleisch vom Stein schneiden,

grob würfeln und unter die Möhren rühren. Mit dem Pürierstab fein pürieren, mit etwas Schärfe, Salz und Pfeffer würzen.

Asia-Wok

Für 4 Vorspeisen:

150 g Reis nach Packungsangabe in Salzwasser garen. Inzwischen 1 mittelgroßen Brokkoli putzen, in Röschen teilen. Oder 250 g Champignons mit einem feuchten Tuch abreiben, putzen, in Scheiben schneiden. Oder 2 Kartoffeln schälen, fein würfeln. 1 große Möhre putzen, schälen und stifteln. 2 EL Öl in einem Wok erhitzen, Brokkoli oder Champignons oder Kartoffeln darin unter Rühren 5 Min. anbraten. Möhrenstifte zugeben und 1–2 Min. mitbraten. Oder 4 EL oder mehr bereits zubereitetes Möhrengemüse und Reis unterrühren. Mit Salz, Pfeffer und 1 TL Kurkumapulver und etwas Schärfe oder 1 EL Sojasauce würzen.

Italo-Wok

Pro Portion:

1 große Möhre putzen, schälen, stifteln. 1 Schnitzel oder Steak kalt abwaschen, trocken tupfen, in feine Streifen schneiden und in 2 EL Öl in einem Wok unter Rühren 3 Min. braten, bis das Fleisch gar ist. Mit 1 EL Aceto balsamico ablöschen. Möhren-

stifte oder 4 EL oder mehr bereits zubereitetes Möhrengemüse und 2 EL entsteinte Oliven unterrühren, salzen und pfeffern, 2 Min. mitgaren. 10 Basilikumblätter unterrühren.

Rotkohlsalat mit Croûtons

Pro Portion:

50 g milden Ziegen- oder Fetakäse in eine Schüssel bröckeln. 1 Scheibe Brot würfeln und in 3 EL Olivenöl knusprig braten. 3 EL oder mehr bereits zubereitetes Rotkohlgemüse mit dem Käse und 1 EL Rotweinessig mischen, eventuell salzen und pfeffern. Mit Croûtons bestreut servieren.

Bratwurst mit Rotkohlkompott

Pro Portion:

1 Zwiebel schälen, fein hacken. 1 Apfel waschen, mit Schale würfeln. 1 Bratwurst in 1 EL Öl bei mittlerer Hitze 3 Min. auf einer Seite anbraten, wenden, Zwiebel zugeben und weitere 3 Min. braten. 4 EL oder mehr bereits zubereitetes Rotkohlgemüse in einem Topf erwärmen, 1 TL Aceto balsamico oder 2 EL Rotwein und Apfelwürfel unterrühren, salzen und pfeffern. Mit Bratwurst und Zwiebel anrichten.

Indisches Rotkohlgemüse

Pro Portion:

1 kleine Zwiebel schälen, fein hacken. 150 g Hackfleisch in einer Pfanne mit 2 EL Öl von allen Seiten anbraten. Zwiebel und 4 EL oder mehr bereits zubereitetes Rotkohlgemüse unterrühren, abgedeckt in 5 Min. garen. Mit 1 EL geriebenem Ingwer und ½ TL Currypulver oder Garam masala würzen, salzen und pfeffern.
TIPP: Für eine Vorspeise für 2–3 Personen 4–6 Weißkohl- oder Radicchioblätter blanchieren, das Gemüse in jeweils 2 Blätter einwickeln.

Spargel-Crostini

Pro Portion:

2 Scheiben Weißbrot toasten, mit 1 EL Butter bestreichen und mit 2 Scheiben zerpflücktem Schinken belegen. 2 EL Schmant leicht salzen, pfeffern, 2 EL gegarte Spargelstücke zerkleinern, mit Schmant verrühren. Die Mischung auf dem Schinken anrichten. Oder zerpflückten Schinken weglassen und 2 EL Schinkenwürfel über den Spargel streuen.

Rezepte

Gemüse-Pizza

Für 2 Vorspeisen oder 6 Mini-Pizzen:

1 Fertig- oder TK-Pizzateig nach Packungsangabe zubereiten. Teig mit 3 EL Tomatensauce bestreichen. Mit 3 fein geschnittenen Artischockenherzen und 100 g Schnittkäse in feinen Scheiben belegen. Im vorgeheizten Ofen bei 190° etwa 15 Min. backen. 3 Stangen gegarten Spargel längs halbieren, heiße Pizza damit belegen, noch 1 Min. im Ofen erwärmen.

Spargel-Pilz-Sauce

Pro Portion:

1 kleine Zwiebel schälen, fein würfeln. 100 g Champignons putzen, in dünne Scheiben schneiden. 2 EL Butter zerlassen, Zwiebel darin glasig dünsten, Champignons kurz mitdünsten. 100 g Sahne zugießen, salzen und pfeffern. 3 EL oder mehr gegarte Spargelstücke unterrühren, kurz erwärmen.
TIPP: Mit Reis wird daraus ein vegetarisches Hauptgericht. Als Beilage zu Fleisch reicht die Sauce für zwei.

Spargel-Dip

Für 1 Tasse:

3 EL oder mehr zubereiteten grünen Spargel pürieren und auf Zimmertemperatur abkühlen lassen. 100 g Frischkäse oder Ziegenfrischkäse mit 2 EL gehackten Pistazien oder zerstoßenen Mandeln und 2 EL Olivenöl verrühren, kräftig salzen und pfeffern. Mit dem Spargelpüree mischen.

Bohnen-Spargel-Salat

Pro Portion:

100 g grüne Bohnen putzen, halbieren und in Salzwasser in 8 Min. garen. Aus 2 EL Öl, Saft und der Schale von 1 Bio-Zitrone, Salz und Pfeffer ein Dressing zubereiten. Bohnen und 3 EL gehackten gegarten Spargel auf einem Teller anrichten, mit dem Dressing beträufeln, mit 8 Basilikumblättern belegen und mit 2 EL Reibekäse bestreuen.

Spinat-Dip

Für 1 Tasse:

2 EL Walnusskerne rösten, hacken und mit 200 g Hüttenkäse verrühren. 1 Handvoll frischen Spinat verlesen, zweimal waschen, ohne Wasserzugabe in 5 Min. dünsten, ausdrücken und hacken. 2 EL oder mehr bereits zubereiteten Spinat fein schneiden. Den Spinat unter den Hüttenkäse rühren. Mit dem Saft von ½ Zitrone, 1 Prise Muskat, 1 Prise Cayennepfeffer, Salz und Pfeffer würzen.

Italienisches Panino

Für 2 Vorspeisen:

½ Baguette halbieren, die Hälften mit 1 EL Mayonnaise bestreichen, mit 6 Scheiben gekochtem Schinken und 100 g fein geschnittenem Schnittkäse belegen. 1 Handvoll frischen Spinat verlesen, zweimal waschen, ohne Wasser in 5 Min. dünsten, ausdrücken. Frischen oder 2 EL oder mehr bereits zubereiteten Spinat hacken, auf dem Käse verteilen. Die Hälften zusammenklappen, Baguette halbieren.

Spinatspätzle

Für 2 Hauptgerichte:

150 g Mehl mit 2 Eiern und 4 EL Wasser zu einem Teig verrühren. 1 Handvoll frischen Spinat verlesen, zweimal waschen, ohne Wasserzugabe in 5 Min. dünsten, sehr gut ausdrücken, hacken und unter den Teig mischen. 2 EL oder mehr bereits zubereiteten Spinat eventuell ausdrücken, hacken, einarbeiten. Den Teig 30 Min. ruhen lassen. Salzwasser in einem großen Topf erhitzen, Teig mit dem Spätzlehobel oder -brett in das siedende Wasser schaben. Spätzle darin 3 Min. ziehen lassen, bis sie an der Oberfläche schwimmen. Mit 4 EL Reibekäse bestreut servieren.

Spinattarte

Für 4 Vorspeisen:

1 Platte TK-Blätterteig dünn ausrollen und mit einer Gabel gleichmäßig einstechen. Teig in eine eingefettete Pieform einpassen. 2 Tomaten waschen, in Scheiben schneiden. Boden mit 2 EL Schmant bestreichen, darauf 2 EL oder mehr Spinatgemüse oder aufgetauten TK-Rahmspinat und Tomatenscheiben geben. Mit 4 EL Reibekäse bestreuen und im vorgeheizten Ofen bei 200° auf dem Ofenboden in 15 Min. goldbraun und knusprig backen.

Zucchinifrittata

Für 4 Vorspeisen oder 1 Hauptgericht:

4 EL Reibekäse mit 2 Eiern und der Schale von 1 Bio-Zitrone verrühren, kräftig salzen und pfeffern. 1 rohe Zucchini waschen, putzen und in dünne Scheiben schneiden. 2 EL Butter in einer Pfanne zerlassen, Zucchinischeiben oder 3 EL bereits gegarte Zucchini zugeben. Die Eimischung zugießen und abgedeckt bei mittlerer Hitze in 15 Min. stocken lassen.

Zucchinibrot

Für 1 Brot:

1 Zucchino waschen, putzen, stifteln. 250 g Mehl mit 1 Tütchen Backpulver und 1 TL Salz verrühren. 2 Eier in der Küchenmaschine oder mit dem Handrührgerät verschlagen, 100 ml Öl und Zucchinostifte oder 2 EL oder mehr bereits gegarte und fein gehackte Zucchini unterrühren. Mehl und ½ TL Zimtpulver unterrühren. Eine mittelgroße Kastenform mit Backpapier auslegen. Teig in die Form geben und im vorgeheizten Ofen bei 180° etwa 1 Std. backen.

TIPP: Für die süße Variante den rohen Zucchino mit 100 g braunen Zucker und den Eiern verschlagen.

Zucchini-Apfel-Crostini

Für 10 Crostini:

2–3 Scheiben Brot im Ofen oder Toaster in 2–5 Min. knusprig werden lassen, in Häppchen teilen. Inzwischen 1 Apfel waschen, halbieren, entkernen, fein hacken. 1 Zucchino waschen, putzen, klein würfeln. Oder 3 EL oder mehr bereits gegarte Zucchini hacken. Mit dem Saft von 1 Zitrone beträufeln, leicht pfeffern. 100 g Ziegenkäse oder Ziegenfrischkäse auf den Brotstücken verstreichen, die Zucchini-Apfel-Mischung daraufgeben.

Gemüse aus Glas und Dose

Baguette mit Fetakäsecreme

Für 1 Imbiss:

¼ Baguette halbieren, auf dem Toaster rösten. 2–3 Artischockenherzen hacken, mit 50 g Fetakäse und dem Saft von ½ Zitrone zerdrücken, salzen und pfeffern. Baguettehälften mit Creme bestreichen.

Italienisches Schinkenbrot

Für 1 Portion:

2–3 Artischockenherzen fein hacken, mit 2 EL gehackten Oliven verrühren, mit Pfeffer würzen. 1 große Scheibe Brot damit bestreichen und 3–4 Scheiben rohen Schinken darauflegen.

Pasta mit Artischocken

Für 1 Hauptgericht oder 2 Vorspeisen:

2–3 Artischockenherzen in feine Scheiben schneiden. 100 g lange Pasta nach Packungsangabe in Salzwasser al dente garen. 10–12 Blätter Basilikum oder ½ Bund Petersilie fein hacken. Pasta aus dem Topf in eine Schüssel heben. 2 EL Olivenöl, Basilikum oder Petersilie, Artischockenscheiben und 2 EL oder mehr Reibekäse unterrühren. Salzen und pfeffern.

Rezepte

Geeiste Tomatensuppe

Für 1 Vorspeise:

1 rote Paprikaschote halbieren, putzen, waschen. ½ kleine Dose Tomaten mit Paprikaschote oder 1 Grillpaprika und etwas Schärfe mit dem Pürierstab pürieren, mit Salz und Pfeffer würzen. Eventuell durch ein feines Sieb streichen. Im Gefrierfach etwa 1 Std. kalt stellen.
TIPP: Für 6 Appetithappen die Suppe in geeisten Schnapsgläsern servieren.

Tomatensuppe mit Feta

Für 2 leichte Vorspeisen:

1 kleine Zwiebel schälen, fein hacken. 2 EL Öl erhitzen, Zwiebel darin in 5 Min. glasig dünsten. ½ kleine Dose Tomaten unterrühren, einmal aufkochen und 5 Min. köcheln lassen. Mit Salz, Pfeffer und etwas Schärfe würzen. Inzwischen 50 g Fetakäse fein würfeln, in 1 EL Öl knusprig braten. Über die Suppe streuen.
TIPP: Mit frischem Baguette servieren.

Tomatensalsa

Pro Portion:

1 rote Paprikaschote halbieren, putzen, waschen, klein würfeln. 2–3 Frühlingszwiebeln putzen, waschen. Beides mit ½ kleinen Dose Tomaten, 1 kleinen Chili-

schote, dem Saft von 1 Zitrone und 3 EL gehackter Petersilie mit dem Pürierstab zu einer groben Salsa mixen. Kräftig mit Salz und Pfeffer würzen.

Tomatenketchup

Für ½ Tasse:

1 kleine Zwiebel schälen und fein hacken, in 2 EL Öl glasig dünsten. 1 TL Tomatenmark und 1 EL Zucker unterrühren. ½ kleine Dose Tomaten unterrühren, mit 2 EL Olivenöl, 1 EL Aceto balsamico und 3–6 Spritzern Worcestersauce würzen, pfeffern. Abgedeckt in 20–25 Min. einkochen lassen, eventuell mit Salz und Pfeffer nachwürzen.

Appetizer

Pro Portion:

1 Paprikaschote halbieren, putzen, waschen und in bohnengroße Stückchen schneiden. Mit 1 EL gehackten Walnüssen und 3–4 EL Kidneybohnen verrühren, 1 Handvoll Rucola waschen, putzen und untermischen. Aus 2 EL Olivenöl, ½–1 EL Essig, Salz und Pfeffer ein Dressing zubereiten und unter den Salat mischen.

Crostini mit Bohnen und Lachs

Für 1 Snack:

2 Scheiben Baguette toasten und jeweils mit 1 Scheibe Räucherlachs belegen. 1 Knoblauchzehe schälen, reiben. Aus 1 EL Olivenöl, Knoblauch oder 1 EL Dillspitzen, Salz und Pfeffer ein Dressing zubereiten. Kidneybohnen darin wenden und auf dem Räucherlachs verteilen.

Indisches Reisgericht

Pro Portion:

3 EL Reis nach Packungsangabe in Salzwasser weich garen. Inzwischen 1 TL Kreuzkümmel, ½ TL Zimtpulver und etwas Schärfe in einem Topf bei kleiner Hitze 1 Min. rösten, bis sich die Aromen entfalten. Vom Herd nehmen. 1 kleine Zwiebel schälen, fein hacken. Etwa 2 Min. vor dem Ende der Garzeit zum Reis geben. 2 Tomaten waschen, fein schneiden und mit 4 EL oder mehr Kidneybohnen und den gerösteten Gewürzen unter den Reis rühren. Mit Salz und Pfeffer würzen.

Thunfischsalat mit Bohnen

Pro Portion:

1 rote Zwiebel schälen, in dünne Ringe schneiden. 1 kleine Dose Thunfisch zerpflücken, mit Zwiebelringen mischen,

4 EL oder mehr Riesenbohnen zugeben. Mit 2 EL Olivenöl, dem Saft von 1 Zitrone, Salz und Pfeffer kräftig würzen.

Italienischer Wurstsalat

Für 2 leichte Vorspeisen:

1 Knoblauchzehe schälen. 1 Scheibe Brot toasten, mit 1 EL Olivenöl beträufeln, mit dem Knoblauch einreiben und würfeln. 8 Scheiben Salami halbieren, in eine Schüssel geben. 2 EL oder mehr Riesenbohnen mit den Brotwürfeln untermischen. Aus 1 TL fein gehacktem Rosmarin, 2 EL Olivenöl, Salz und Pfeffer ein Dressing zubereiten und über den Salat träufeln.

Bohnenragout

Für 1 Hauptgericht oder 2 Vorspeisen:

2 Kartoffeln schälen, würfeln. 250 ml Brühe erhitzen, die Kartoffelwürfel darin in 8–10 Min. weich garen. 4 EL oder mehr Riesenbohnen, 2 EL Olivenöl und 2 EL fein gehackte Petersilie unterrühren, mit Salz und Pfeffer würzen.

Erfrischende Rote-Bete-Suppe

Pro Portion:

250 ml Brühe erwärmen, 3 EL oder mehr gegarte Rote Bete darin kurz ziehen lassen. 3 EL Schmant oder Joghurt unterrüh-

ren, salzen und pfeffern. Die Suppe mit dem Pürierstab pürieren, eventuell durch ein feines Sieb streichen.

Gelierte Rote Bete

Für 4 Vorspeisen:

1 Tütchen gemahlene Gelatine in 100 ml heißem Wasser auflösen. 4 EL gegarte Rote Bete mit dem Pürierstab pürieren. Mit 200 g Crème fraîche und der Gelatine verrühren. Den Saft von 1 Zitrone und 4 EL Schnittlauchröllchen oder 2 TL Meerrettich unterrühren, kräftig mit Salz und Pfeffer würzen. In schöne Gläser füllen und abgedeckt im Kühlschrank in 2 Std. fest werden lassen.

Obst

Karamellisierte Ananas

Für 1 Beilage:

1 EL Zucker mit 2 EL Butter in einer beschichteten Pfanne bei kleiner Hitze karamellisieren lassen. Etwa 3 EL gehackte Ananas unterrühren, abgedeckt bei kleiner Hitze in 5 Min. braun werden lassen. 1 kleine Chilischote mit oder ohne Kerne fein hacken und unterrühren, eventuell noch pfeffern.

Blitz-Chutney

Für 2 Beilagen:

Den Saft von 1 Zitrone mit 1 EL geriebenem Ingwer, 2 EL Rosinen und etwa 3 EL gehackter Ananas vermischen. Mit etwas Schärfe würzen. Für eine feinere Konsistenz eventuell mit dem Pürierstab kurz durchmixen.

Tropical Dessert

Für 2 Desserts:

1 kleine Dose Kokosmilch erwärmen. 3 EL oder mehr Ananasstücke mit 2 EL braunem Zucker bestreuen oder 1 EL Rum beträufeln, in der Kokosmilch wenden und rühren, bis der Zucker gelöst oder der Alkohol verflogen ist. Noch warm servieren.

Ananassorbet

Für 2 Desserts:

100 ml Ananassaft mit 2 EL feinem Zucker erwärmen, bis der Zucker gelöst ist. Den Saft von 1 Limette und etwa 3 EL gehackte Ananas unterrühren. In einer flachen Form 2 Std. ins Gefrierfach stellen, dabei alle 30 Min. mit einer Gabel kräftig durchrühren.

Rezepte

Schnelle Fischpfanne

Pro Portion:

1 Fischfilet kalt abwaschen, trocken tupfen, salzen und im Ganzen in 2 EL Öl von beiden Seiten 5 Min. anbraten. 2 Frühlingszwiebeln putzen, waschen und in Röllchen schneiden. 3 EL oder mehr gehackte Ananas, Saft von 1 Limette und 1 EL Sojasauce verrühren. Fisch aus der Pfanne nehmen, Ananasmischung kurz in der Pfanne erwärmen, mit Frühlingszwiebeln auf dem Fisch anrichten.

Würzige Apfelsauce

Pro Portion:

Den Saft von 1 Zitrone mit 1 Msp. Zimtpulver oder Kardamompulver und ½ TL Pimentpulver verrühren und unter 3 EL Apfelmus ziehen.

Apfelmuffins

Für 10–12 Muffins:

2 Eier mit 4 EL Zucker schaumig rühren. 3–4 EL Apfelmus, 60 ml Öl und 2 EL Rosinen unterrühren. 150 g Mehl mit 1 TL Backpulver mischen und unterziehen. Den Teig in eine eingefettete Muffinform füllen und im vorgeheizten Ofen bei 190° etwa 15–20 Min. backen.
TIPP: Lecker mit einer Glasur aus 4 EL Puderzucker und 1 EL Orangenlikör oder 1 Tafel weißer Schokolade.

Schichtdessert mit Apfelmus

Für 2 Desserts:

3 EL oder mehr Apfelmus erwärmen. In 2 hohe Gläser 2 Kekse krümeln, etwas Apfelmus, 2 EL Joghurt und 2 EL gewaschene Beeren nach Geschmack daraufgeben, darüber eine weitere Schicht Apfelmus, Joghurt und Beeren füllen.

Bananen-Joghurt-Eis

Für 4 Desserts:

500 g Joghurt mit 4 EL Puderzucker, Saft und Schale von 1 Bio-Zitrone verrühren. 1 überreife Banane fein zerdrücken oder mit dem Pürierstab pürieren und unter den Joghurt ziehen. Mit 1 Msp. Muskat würzen. Eine kleine Kastenform mit Frischhaltefolie auskleiden. Eismasse einfüllen und im Gefrierfach in 2 Std. fest werden lassen. Zum Servieren aus der Form stürzen und in Scheiben schneiden.

Bananenwaffeln

Für 4 Waffeln:

1 Ei mit 100 ml Milch oder Buttermilch und 3 EL zerlassener Butter verrühren, 150 g Mehl und 1 TL Backpulver unterrrühren, 1 Prise Salz zugeben. 1 Banane zerdrücken, unterrühren. Das Waffeleisen nach Herstellerangaben erhitzen, mit 2 EL Öl einfetten. 4 Waffeln darin nacheinander ausbacken. 4 Rippen Schokolade hacken, Waffeln damit bestreuen und servieren.

Bananenbrot

Für 1 Brot:

1 Banane zerdrücken. 2 Eier mit 4 EL Zucker schaumig schlagen. 2 EL Öl und die Banane unterrühren. 180 g Mehl, 1 Prise Salz und 1 TL Backpulver mischen und unterziehen. 100 g Schmant und 3 EL gehackte Nüsse unterrühren. Teig in eine mit Backpapier ausgelegte lange Kastenform füllen und im vorgeheizten Backofen bei 180° etwa 40 Min. backen. Garprobe machen: Mit den Fingerknöcheln auf die Unterseite des Brotes klopfen. Klingt es hohl, ist das Brot durchgebacken.

Eis-Beeren-Würfel

Für 6 Würfel:

3 EL gezuckerte Beeren mit 1 Tütchen Vanillezucker und 1 EL Orangenlikör oder Orangensaft pürieren, 100 ml Wasser untermixen. In einer Eiswürfelform im Gefrierfach fest werden lassen.
TIPP: Als Blitz-Eis das Wasser durch Sahne ersetzen.

Beeren in Gelee

Pro Portion:

1 Glas Rotwein leicht erwärmen. ½ TL gemahlene rote oder weiße Gelatine darin auflösen, 3 EL gezuckerte Beeren unterrühren. In ein Glas füllen und abgedeckt im Kühlschrank in 3 Std. fest werden lassen. Eventuell 2 EL Sahne steif schlagen, obendrauf geben und servieren.
TIPP: Mit geriebener Bitterschokolade oder Amarettinikrümeln verfeinern.

Eis-Smoothie

Pro Getränk:

150 g Joghurt, 6 Blätter Minze und 3 EL gezuckerte Beeren pürieren. Mit 3 Eiswürfeln in einem Longdrinkglas servieren.
TIPP: Longdrinkgläser im Gefrierfach anfrieren lassen; das sieht hübsch aus.

Englisches Schichtdessert

Für 2 Desserts:

5 Löffelbiskuits in eine kleine Form schichten, darüber 2 EL gezuckerte Beeren verteilen. 150 g Mascarpone mit dem Saft von 1 Zitrone verrühren. 4 EL Mascarpone auf den Beeren verstreichen. Darauf noch mal 5 Löffelbiskuits, Beeren und Mascarpone verstreichen. 4 Pfefferminzplättchen zerbröckeln oder hacken, Desserts damit

bestreuen. Abgedeckt im Kühlschrank 1 Std. ziehen lassen.

Beerencrêpes mit Eiscreme

Für 2 Crêpes:

1 Ei mit 4 EL Mehl und 3 EL Milch verrühren. Aus dem Teig 2 dünne Crêpes backen. Dafür je 1 EL Öl in einer Pfannen erhitzen, die Hälfte des Teiges darin 1 Min. backen. Zum Wenden auf einen Teller gleiten lassen, zurück in die Pfanne geben und fertig backen. Crêpes mit 3–4 EL gezuckerten Beeren füllen, aufrollen und heiß mit 1–2 Kugeln Eiscreme servieren.

Frischkäse-Dattel-Crostini

Für 1 Vorspeise oder 2 Häppchen:

2 Baguettescheiben toasten. 3 EL Frischkäse oder Ziegenfrischkäse mit 1 TL frisch gehackter Minze verrühren, 1 EL gehackte Datteln unterziehen. Das Baguette damit bestreichen und mit 1 TL gehackten Pistazienkernen garnieren.

Couscous-Dattel-Salat

Pro Portion:

Den Saft von 1 Orange auspressen. Mit 4 EL Instant-Couscous, 1 EL gehackten Datteln und 2 EL heißem Wasser verrühren; nach Packungsangabe 8 Min. quellen las-

sen, eventuell noch heißes Wasser zugießen. 2 EL gehackte Petersilie, 2 EL Olivenöl und 1 TL geriebenen Ingwer oder 1 Msp. Garam masala unterziehen. Eventuell pfeffern und nur leicht salzen.

Bratapfel mit Quarkcreme

Für 4 Desserts:

4 große Äpfel mit dem Apfelausstecher entkernen. Die Schale von 1 Bio-Zitrone mit 4 EL gehackten Datteln, 4 EL gehackten Mandeln und 3–4 EL Honig verrühren. Zitrone auspressen. Äpfel mit der Hälfte des Zitronensafts beträufeln und füllen. Im vorgeheizten Ofen bei 180° etwa 15 Min. backen. Inzwischen aus 250 g Sahnequark und dem restlichen Zitronensaft eine erfrischende Creme zubereiten. Eventuell 2 EL Honig unterrühren. Die Creme dazu reichen.

Feigenpüree

Pro Portion:

1 EL gehackte Mandeln mit 2 EL Mascarpone oder Crème double verrühren. 1–2 überreife Feigen waschen, fein hacken, im Mörser zerdrücken und unter die Mascarponecreme rühren.

Rezepte

Feigen-Chutney

Pro Portion:

1 EL Rosinen mit 1 Msp. Zimtpulver, 2 EL gehackten Walnusskernen, 1 EL frisch gehacktem Ingwer und 1 EL Zucker verrühren. 3 überreife Feigen oder mehr klein würfeln, unterrühren. Alle Zutaten in einer beschichteten Pfanne bei kleiner Hitze 15 Min. köcheln lassen, bis die Feigen zerfallen sind.

Gratinierte Feigen

Für 2 Desserts:

50 g Amarettinikekse mit dem Saft von 1 Zitrone oder 2 EL Brandy oder 1 EL Orangenblütensirup beträufeln, etwas zerdrücken. 2 überreife Feigen waschen, trocken tupfen, vierteln und in kleine Auflaufförmchen geben. Mit 2 TL Puderzucker bestreuen. Im vorgeheizten Ofen bei 200° etwa 3 Min. gratinieren. Mit Amarettinikeksen bestreut servieren.

TIPP: Vanilleeis passt gut dazu.

Ruckzuck-Kokoseis

Pro Portion:

1 Kugel (Bourbon-)Vanilleeis in eine Schüssel geben und mit 2 EL frisch geriebener Kokosnuss verrühren.

Kokoskonfekt

Für 10 Stück:

2 getrocknete Feigen ganz fein hacken, mit 2 EL gehackten Nüssen und 2 EL frisch geriebener Kokosnuss mischen und zu Bällchen formen. ½ Tafel Bitterschokolade im Wasserbad auflösen. Bällchen mit einem Holzspießchen in die Schokolade tauchen, auf Alufolie oder Küchenpapier in 30 Min. fest werden lassen.

Thai-Hähnchen

Pro Portion:

1 Hühnerbrustfilet kalt abspülen, trocken tupfen, in feine Streifen schneiden und in 2 EL Öl bei mittlerer Hitze in 6–8 Min. garen. Den Saft von 1 Zitrone, 1 EL Fischsauce und 2 EL frisch geriebene Kokosnuss unterrühren, salzen und pfeffern.

Krümel-Kompott

Pro Portion:

1 dicken Keks (z. B. Keks mit Schokoladenglasur) krümeln, in ein Glas geben, mit 2 EL oder mehr Kompott beträufeln. Oder 1 Orange auspressen, die Hälfte des Safts darüberträufeln. 1 EL Kompott und 1 EL Schmant daraufgeben. Darauf nochmals Orangensaft, beträufelten Keks, Kompott und Schmant geben. Mit 1 Msp. Zimtpul-

ver bestreuen. Abgedeckt im Kühlschrank 20 Min. ziehen lassen.

Süße Päckchen

Für 2 Desserts:

1 TL Zimtpulver mit 3 EL oder mehr abgetropftem Kompott und 4 EL Mascarpone verrühren. 1 Platte TK-Blätterteig dünn ausrollen, halbieren, Obstcreme in die Mitte der Hälften geben und jeweils zu einem Dreieck falten. Die Seiten fest zusammendrücken. Oberfläche mit 1 Eigelb bestreichen. Die Päckchen im vorgeheizten Ofen bei 200° in 15 Min. knusprig braun backen. Am besten warm servieren.

Baiser mit Fruchtfüllung

Für 2 Desserts:

2 EL Mascarpone oder Schmant mit dem Saft von ½ Zitrone verrühren. 6 kleine Baisers mit der glatten Seite nach oben auf Tellern anrichten, Creme und Obstsalat darauflöffeln, 6 weitere Baisers obendrauf setzen.

TIPP: Baisers lassen sich auch leicht selbst machen (s. S. 135).

Obstshake

Pro Drink:

150 g Joghurt mit 2 EL oder mehr Obstsalat, Saft und eventuell die abgeriebene Schale von 1 Bio-Zitrone und 1 EL Honig oder 1 ½ EL braunem Zucker verrühren. Alles im Mixer mit 6 Eiswürfeln pürieren.

Fleisch

Schnitzel-Salat

Für 1 leichtes Hauptgericht:

1 kleinen robusten Salat putzen, waschen, in mundgerechte Stücke teilen, auf einem großen Teller auslegen. ½ oder mehr Schnitzel in feine Streifen schneiden, in 1 EL Öl in einer Pfanne kurz erwärmen. Inzwischen aus 2 EL Öl, ½–1 EL Essig, Salz und Pfeffer ein würziges Dressing zubereiten. 1 rote oder gelbe Paprikaschote halbieren, putzen, waschen, in Streifen schneiden. 4–6 Maiskölbchen längs halbieren. Dressing über den Salat träufeln, Fleisch-, Paprika- und Maiskölbchenstreifen darauf anrichten.

Sandwich mit Schnitzelstreifen

Für 1 Sandwich:

1 EL Rosinen mit 1 kleinen Glas Rotwein in einer Pfanne bei mittlerer Hitze 2–3 Min. köcheln lassen. Inzwischen 1 kleine Zwiebel schälen, fein hacken, zugeben, alles einkochen lassen, salzen und pfeffern. ½ oder mehr Schnitzel in feine Streifen schneiden, kurz mitgaren. 2 Scheiben Brot oder die Hälften von 1 Brötchen eventuell toasten. Brotscheiben oder Brötchenhälften mit Rotweinzwiebeln und Schnitzelstreifen belegen. Brote oder Brötchenhälften zusammendrücken und halbieren.

Pasta in Olivencremesauce

Für 2 Hauptgerichte oder 4 Vorspeisen:

200 g kurze Pasta nach Packungsangabe in Salzwasser al dente garen. Inzwischen ½ oder mehr Schnitzel in feine Streifen schneiden. 100 g Frischkäse in einer kleinen beschichteten Pfanne bei kleiner Hitze schmelzen lassen. 3–4 EL gehackte Oliven, 1 TL Oregano und Schnitzelstreifen unterrühren, erwärmen. Pasta direkt aus dem Topf zugeben und unterrühren, mit Salz und Pfeffer würzen, heiß servieren.

Zucchino-Panino

Für 1 Sandwich:

1 kleine Knoblauchzehe schälen, fein hacken. 2 EL Olivenöl in einer beschichteten Pfanne erhitzen, Knoblauch darin 2 Min. dünsten. Inzwischen den Zucchino waschen, putzen, in feine Streifen schneiden, unterrühren. ½ oder mehr Schnitzel in feine Streifen schneiden, mit 2–3 EL frisch gehackten Kräutern unterrühren, kurz erwärmen. Mit Salz und Pfeffer kräftig würzen. Inzwischen 1 Brötchen oder ¼ Baguette halbieren, eventuell toasten, die Füllung auf die Hälften geben, diese zusammendrücken. Heiß servieren.

Tomaten-Couscous-Pfanne

Für 2 Hauptgerichte oder 4 Vorspeisen:

1 kleine Zwiebel schälen. 2 EL Öl in einer Pfanne erhitzen, Zwiebel darin 3 Min. dünsten. 1 kleine Dose Tomaten unterrühren und erhitzen, salzen. 100 g Instant Couscous nach Packungsangabe darin 10 Min. quellen lassen. Inzwischen 1 Grillpaprika fein hacken, dann mit ½ oder mehr Schnitzel in Streifen unterrühren. Den Saft von 1 Zitrone auspressen, mit etwas Schärfe verrühren und unter den Couscous rühren, eventuell nachwürzen. Schmeckt auch lauwarm oder kalt.

Rezepte

Schnitzelsandwich mit Zitronenbutter

Für 1 Sandwich:

3 EL Butter in einem Töpfchen erwärmen. Den Saft von 1 Zitrone, 1 EL (fein gehackte) Kapern, Salz und Pfeffer unterrühren. Inzwischen 1 Brötchen oder ¼ Baguette halbieren, eventuell rösten. ½ oder mehr paniertes Schnitzel schräg in feine Streifen schneiden. Brötchen- oder Baguettehälften mit Zitronenbutter bestreichen, eine Hälfte mit Schnitzelfleisch belegen, die andere obendrauf geben und zusammendrücken. Sandwich halbieren und gleich servieren.

Avocadosandwich

Für 1 Sandwich:

1 Brötchen oder ¼ Baguette halbieren, eventuell rösten. 2 Tomaten waschen, fein hacken. 1 Avocado halbieren, Stein entfernen, die Hälften schälen, zerdrücken, unter die Tomaten rühren, kräftig salzen und pfeffern. Brötchen- oder Baguettehälften mit der Creme bestreichen. ½ oder mehr paniertes Schnitzel in Streifen schneiden und daraufgeben, Brötchen- oder Baguettehälften zusammendrücken.

Steaksandwich

Für 1 gehaltvolles Sandwich oder 2 Imbisse:

1 EL Öl in einer Pfanne erhitzen, ½ oder mehr Steak in Streifen darin bei kleiner Hitze erwärmen. Inzwischen 4 EL Blauschimmelkäse mit 2 EL frisch gehackten Kräutern verrühren, eventuell leicht salzen und stärker pfeffern. 2 Scheiben Brot oder die Hälften von 1 Brötchen eventuell toasten. Brotscheiben oder Brötchenhälften mit Blauschimmelkäse bestreichen, eine Hälfte mit Steakstreifen belegen und mit Bratensud beträufeln, die andere Hälfte obendrauf geben. Sandwich halbieren und gleich servieren.

Tortilla mit Paprika-Steak-Füllung

Für 2 gehaltvolle Vorspeisen:

1 Paprikaschote halbieren, putzen, waschen, in feine Streifen schneiden. ½ oder mehr Steak fein hacken. 2 EL Öl erhitzen, Paprika darin 3 Min. braten, gehacktes Steak unterrühren, kurz erwärmen. Mit ½ TL Kreuzkümmel, Salz, Pfeffer und etwas Schärfe würzen. 4 EL Frühlingszwiebelröllchen unterrühren. 2 Tortillas mit Füllung belegen, aufrollen und halbieren. Oder 1 Stück Ciabatta halbieren, die Füllung auf eine Hälfte geben, die andere Hälfte obendrauf geben. Ciabatta in mundgerechte Stücke teilen.

Pasta mit Tomaten und Steak

Für 4 Hauptgerichte:

400 g lange Pasta nach Packungsangabe in Salzwasser al dente garen. Inzwischen 4–5 Tomaten waschen, hacken und in einem Topf erwärmen, salzen und pfeffern. Oder 1 kleine Dose Tomaten mit Salz und Pfeffer erhitzen. ½ oder mehr Steak fein würfeln, zugeben und kurz erwärmen. Mit 1 TL Thymian würzen. Pasta direkt aus dem Topf in die Sauce heben. 1 Kugel Mozzarella fein würfeln, unterrühren. Pasta heiß servieren.

Asia-Nudelsüppchen

Für 4 Vorspeisen:

1 l Brühe erhitzen, 150 g Asia-Nudeln darin nach Packungsangabe weich garen. Inzwischen ½ oder mehr Steak in hauchdünne Streifen schneiden, auf tiefe Teller verteilen. 1–2 EL Sojasauce unter die Brühe rühren. Die Brühe über die Steakstreifen gießen, mit 4 EL Schnittlauchröllchen bestreut sofort servieren.

Bratensandwich

Für 1 Sandwich:

1 Brötchen halbieren, eventuell toasten. Inzwischen 3 EL saure Sahne in einem Töpfchen erwärmen. 1 Scheibe oder mehr

Schweinebraten in feine Streifen schneiden, dabei eventuell das Fett entfernen. Bratenstreifen, 2 EL Silberzwiebeln und 1 TL Senf unter die saure Sahne rühren, mit Salz, Pfeffer und etwas Schärfe kräftig würzen. Die Füllung auf eine Brötchenhälfte geben, die andere Hälfte obendrauf geben. Sandwich warm servieren.

Stir-Fry mit Nudeln

Für 4 Hauptgerichte:

200 g chinesische Nudeln nach Packungsangabe in Salzwasser al dente garen. Inzwischen 1 Scheibe oder mehr Schweinebraten fein würfeln, dabei eventuell das Fett entfernen. 2 EL Öl in einem Topf (besser im Wok) erhitzen, Bratenwürfel und 1 EL frisch gehackten Ingwer (oder Ingwerpüree aus dem Glas) darin in 1 Min. durchgaren. Abgetropfte Nudeln und 1–2 EL Sojasauce unterziehen, mit etwas Schärfe, Salz und Pfeffer kräftig würzen.

Gemüsereis mit Schweinefleisch

Für 2 Hauptgerichte:

100 g Reis nach Packungsangabe in Salzwasser weich garen. Inzwischen 1 rote Paprikaschote halbieren, putzen, waschen, in grobe Stücke schneiden. 1 Scheibe oder mehr Schweinebraten ebenfalls in grobe Stücke schneiden, dabei eventuell das Fett entfernen. 2 EL Öl erhitzen, beides darin kurz anbraten. Reis unterrühren, salzen und pfeffern. Auf Teller verteilen und mit 3–4 EL Frühlingsröllchen bestreuen.
TIPP: Wildreis braucht etwa 30 Min. zum Garen. Die Reis-Wildreismischungen aus der Packung nach Packungsangabe garen.

Möhren mit Zwiebeln und Braten

Für 4 leichte Hauptgerichte:

1 Bund Möhren waschen, schälen, stifteln. 2 EL Öl erhitzen, Möhren darin bei kleiner Hitze kurz anbraten, 100 ml heißes Wasser zugießen, salzen und abgedeckt in 5 Min. weich garen. Inzwischen 4 Schalotten schälen, in dünne Ringe schneiden. 100 ml Öl erhitzen, Zwiebelringe darin 5 Min. frittieren, herausheben und auf Küchenpapier abtropfen lassen. 1 Scheibe oder mehr Schweinebraten in feine Streifen schneiden, dabei eventuell das Fett entfernen. Fleischstreifen unter die Möhren rühren, mit 1 EL oder mehr Rotweinessig ablöschen, eventuell noch mal salzen und pfeffern. Auf Teller verteilen, mit Schalottenringen garniert servieren.
TIPP: Das Schalottenöl abkühlen lassen – es ist sehr lecker im Salatdressing.

Glasnudelsalat mit Braten

Für 1 großen Partysalat:

200 g Glasnudeln nach Packungsangabe in heißem Wasser einweichen, mit einer Schere in mundgerechte Stücke teilen, abgießen, dabei 2 EL Einweichwasser auffangen. 1 Scheibe oder mehr Schweinebraten in feine Streifen schneiden, dabei eventuell das Fett entfernen. Fleischstreifen unter die heißen Nudeln rühren. Aus 2 EL Hoisin-Sauce oder 4 EL Sojasauce, dem Saft von 1 Zitrone, Salz und Pfeffer ein würziges Dressing zubereiten, eventuell mit etwas aufgefangenem Einweichwasser verdünnen. Unter die Glasnudelmischung rühren. 1 Bund Frühlingszwiebeln putzen, waschen, in feine Röllchen schneiden und unterrühren. Abgedeckt bei Zimmertemperatur 30 Min. ziehen lassen, dann umrühren, eventuell nachwürzen.

Frucht-Fleisch-Sandwich

Für 1 Sandwich:

2 Scheiben Brot eventuell toasten. 3 EL Butter mit ½ TL gehacktem Rosmarin und Thymian verrühren, salzen. Die Brotscheiben damit bestreichen. 1 Brotscheibe mit 4 oder mehr Scheiben Schweinelende belegen, diese mit 1 EL Beerengelee bestreichen, die zweite Scheibe obendrauf geben.

Rezepte

Reis im Salatblatt

Für 4 Vorspeisen:

100 g Reis nach Packungsangabe in Salzwasser weich garen. 4 oder mehr Scheiben Schweinelende in feine Streifen schneiden und 4 Min. vor dem Garzeitende auf den Reis legen, im Dampf erwärmen. Inzwischen von 1 kleinen Radicchio oder 2 Salatherzen 8 große Blätter ablösen, waschen, trocken tupfen und beiseitelegen. Den Rest fein hacken und mit 4 EL abgetropften Sauerkirschen unter das Reisfleisch rühren. Je 2 Salatblätter ineinanderlegen, mit der Reismischung füllen.

Paprikapasta

Für 4 Hauptgerichte:

Lange Pasta nach Packungsangabe in Salzwasser al dente garen. Inzwischen 2 rote Paprikaschoten halbieren, putzen, waschen, in hauchdünne Streifen schneiden. 1 Knoblauchzehe schälen, fein hacken und in 2 EL Öl erwärmen. Paprikastreifen und etwas Schärfe unterrühren und in 3 Min. garen. 4 Scheiben oder mehr Schweinelende in feine Streifen schneiden, unterrühren. Pasta direkt aus dem Topf in die Sauce heben, gut durchrühren, salzen und pfeffern, sofort servieren.

Rindfleischsandwich mit Meerrettich

Für 1 Sandwich:

Die Hälften von 1 Brötchen oder 2 Scheiben Brot eventuell toasten. 3 EL Schmant mit 2 EL gehackter Petersilie und ½–1 TL frisch geriebenem Meerrettich (oder aus dem Glas) verrühren, mit Salz und Pfeffer würzen. 1 Scheibe oder mehr Rinderbraten in feine Streifen schneiden und unterrühren. Brötchenhälften oder Brot damit bestreichen und zusammenklappen.

Zwiebelgemüse mit Rindfleisch

Für 4 Vorspeisen:

1 Gemüsezwiebel schälen, in hauchdünne Ringe schneiden. 3 EL Öl erhitzen, Zwiebelringe darin bei kleiner Hitze in 10 Min. glasig dünsten. Mit 2 EL Mehl bestäuben und etwas braun werden lassen. 3 EL Vermouth, Weißwein oder 100 ml Brühe mit 3 EL Tomatenmark und etwas Schärfe, Salz und Pfeffer verrühren, zugießen und abgedeckt 15 Min. köcheln lassen. Inzwischen 1 Scheibe oder mehr Rinderbraten in feine Streifen schneiden, unter die Zwiebel rühren und erwärmen. Heiß servieren.
TIPP: Passt zu Reis oder Käsetoasts.

Pasta mit Rindfleisch und Pilzen

Für 4 Hauptgerichte:

400 g lange Pasta nach Packungsangabe in Salzwasser al dente garen. Inzwischen 1 kleine Zwiebel schälen, fein hacken. 250 g Champignons mit einem feuchten Tuch abwischen, fein hacken und pfeffern. 2 EL Öl erhitzen, Zwiebel darin in 5 Min. glasig dünsten. Champignons und 1 Scheibe oder mehr Rinderbraten in feine Streifen schneiden, zugeben und 5 Min. mitgaren. 1 TL Thymian unterrühren. Pasta direkt aus dem Topf in das Gemüse heben, 4 EL Schmant unterrühren, salzen und heiß servieren.

Bratensüppchen

Für 2 leichte Hauptgerichte:

600 ml Brühe erhitzen, 150 g Suppennudeln darin nach Packungsangabe al dente garen. Inzwischen 1 Scheibe oder mehr Kalbsbraten in feine Streifen schneiden, auf tiefe Teller verteilen. Brühe eventuell salzen und pfeffern, mit 1 Prise Muskat würzen, über das Fleisch gießen. Mit 4 EL Schnittlauchröllchen bestreut servieren.

Vitello tonnato

Für 4 Vorspeisen:

2 Scheiben oder mehr Kalbsbraten in hauchdünne Scheiben schneiden oder schnetzeln und auf einer Platte auslegen. 1 große Dose Thunfisch mit 2–3 EL Mayonnaise, 1 EL Kapern, dem Saft von 1 Zitrone und 2 Sardellen mit dem Pürierstab oder im Mörser zu einer aromatischen Paste verrühren, salzen und pfeffern. Das Fleisch damit bestreichen. Mit 1–2 EL (gehackten) Kapern garnieren. Abgedeckt im Kühlschrank 2 Std. ziehen lassen. Vor dem Servieren auf Zimmertemperatur bringen.

Pasta mit Gemüse und Kalbfleisch

Für 4 Hauptgerichte:

400 g breite Pasta nach Packungsangabe in Salzwasser al dente garen. Inzwischen frische dicke Bohnen oder Erbsen aus den Hülsen lösen. Frische oder 300 g dicke TK Bohnen oder TK Erbsen in 1 EL Öl und 50 ml heißem Wasser in 5–8 Min. weich garen. 1 Handvoll Rucola waschen, putzen und grob zerpflücken. 1 Scheibe oder mehr Kalbsbraten in feine Streifen schneiden, unter das Gemüse ziehen. Pasta direkt aus dem Topf unter das Gemüse rühren. 4 EL Reibekäse unterrühren. Pasta salzen, pfeffern und mit Rucola bestreuen.

Würziger Couscous-Salat

Für 4 Vorspeisen:

150 g Instant-Couscous mit 1 Handvoll getrockneten, gehackten Aprikosen in 100 ml kochendem Wasser 10 Min. quellen lassen. Den Saft von 1 Zitrone, Salz und etwas exotische Würze unterrühren. 1 Scheibe Lammbraten oder mehr klein schneiden, unterziehen, 2–3 Min. stehen lassen, mit Pfeffer würzen.

Lammburger

Für 2 Burger:

1 Knoblauchzehe schälen, hacken. Mit 200 g Joghurt, 2 EL gehacktem Dill, Salz und Pfeffer verrühren. 1 Salatgurke schälen (Bio-Gurke nur waschen), putzen, längs halbieren, entkernen, fein hacken und unter den Joghurt rühren. 1 Scheibe oder mehr Lammbraten in feine Streifen schneiden, in 2 EL Öl in 1 Min. erwärmen, mit dem Öl unter den Joghurt ziehen. ¼ Fladenbrot halbieren, eventuell toasten. Den Joghurt auf den Hälften verteilen, die Hälften zusammendrücken. Den Burger halbieren und sofort servieren.

Pizza mit Feta und Lammstreifen

Für 2 Vorspeisen:

1 (TK-)Pizzateig nach Packungsangabe zubereiten. 2 EL Tomatensauce auf dem Boden verstreichen. 1 Scheibe oder mehr Lammbraten in feine Streifen schneiden, mit 2 EL Tomatensauce und ½ EL getrocknetem oder 1–2 EL gehacktem Oregano verrühren, salzen und pfeffern. Die Mischung auf dem Teig verteilen, 100 g Fetakäse darüberbröckeln. Im vorgeheizten Ofen bei 190° etwa 10–15 Min. backen.

Lamm-Gemüse-Snack

Für 4 Snacks:

1 Zucchino waschen, putzen, fein hacken. 1 Paprikaschote halbieren, putzen, waschen, fein hacken. 1 kleine Zwiebel und 1 kleine Knoblauchzehe schälen, beides sehr fein hacken. 3 EL Öl erhitzen, Zwiebel, Knoblauch und Gemüse darin bei mittlerer Hitze in 5–8 Min. garen. Inzwischen 1 Scheibe oder mehr Lammbraten in feine Steifen schneiden. Die Fleischstreifen unter das Gemüse rühren, eventuell etwas heißes Wasser zugießen, salzen, pfeffern und 10 Min. köcheln lassen, bis die Sauce etwas sämiger ist.

Rezepte

Lamm mit Artischockenmarinade

Für 4 Imbisse:

1 Glas Artischockenherzen aus der Marinade heben, in feine Streifen schneiden, mit etwas Marinadeöl oder in 1 EL Öl in einem Topf in 3 Min. erwärmen. Inzwischen 1 Scheibe oder mehr Lammbraten in dünne Scheiben schneiden, unterrühren. 1 kleine Knoblauchzehe schälen, dazupresssen. 4 EL gehackte Petersilie und den Saft von 1 Zitrone unterrühren, eventuell salzen und pfeffern.
TIPP: Dazu passt knuspriges Weißbrot, Kartoffeln oder Reis.

Rote-Bete-Curry

Für 4 Hauptgerichte:

1 Zwiebel und 1 Knoblauchzehe schälen, fein hacken. 2 EL Öl in einem Topf erhitzen, beides darin in 5 Min. glasig dünsten. 500 ml Brühe und 200 g rote Linsen aufkochen lassen, die Linsen bei kleiner Hitze in 10 Min. garen. Inzwischen 1 Packung gegarte Rote Beten fein würfeln. Oder 4 frische Rote Beten waschen, einzeln in ein Stück Alufolie wickeln. Im vorgeheizten Ofen bei 180° in 40 Min. garen. Herausnehmen, die Roten Beten häuten und fein würfeln (mit Küchenhandschuhen arbeiten). Rote-Bete-Würfel mit 200 g Joghurt und 2 EL gehackter Minze oder gehacktem

Koriandergrün verrühren, kräftig salzen und pfeffern. Die Hälfte mit 1 Scheibe oder mehr gewürfeltem Lammbraten unter die Linsen rühren, eventuell nachwürzen. Auf Teller verteilen, mit der restlichen Joghurtmischung garnieren.

Reisbällchen

Für 4 Vorspeisen:

100 g Reis nach Packungsangabe in Salzwasser weich garen. Inzwischen 1 Paprikaschote halbieren, putzen, waschen, sehr fein hacken. 1 Scheibe oder mehr Lammbraten ebenfalls ganz fein hacken, beides mit ½–1 TL fein gehacktem Rosmarin, Salz und Pfeffer kräftig würzen. 4 EL Chilisauce in einem Töpfchen erwärmen, Paprika und gewürztes Fleisch unter den Reis rühren. Chilisauce als Saucenspiegel auf Vorspeisenteller geben, Reisbällchen mit einem Kugelausstecher formen und daraufsetzen. Schmeckt am besten heiß.

Gefüllte Tortillafladen

Für 4 Vorspeisen:

4 EL oder mehr Gulasch oder Geschnetzeltes mit 100 g Joghurt, 2 EL Reibekäse, Salz und Pfeffer in einem Töpfchen erwärmen. Inzwischen 1 kleinen Eisbergsalat rollen (dann lösen sich die Blätter leicht), die Blätter ablösen, waschen, fein hacken.

Oder ½ Weißkohl waschen, putzen, fein hacken. Die Füllung auf den Tortillas verteilen, Salat und 4 EL Reibekäse daraufgeben. Die Tortillas aufrollen.

Toast mit Spiegelei

Für 2 Imbisse:

2 EL Butter in einer Pfanne erhitzen, 2 Eier darin zu Spiegeleiern ausbraten. Aus der Pfanne nehmen, 3 EL oder mehr Gulasch oder Geschnetzeltes darin erwärmen. 4 Scheiben Brot oder Toast eventuell toasten. Gulasch oder Geschnetzeltes daraufgeben. Die Spiegeleier, 1 Handvoll gehackten Rucola oder 4 EL gehackte Brunnenkresse auf 2 Scheiben Brot geben, die übrigen Scheiben obendrauf geben.

Riesensandwich

Für 2 Sandwiches oder 1 Hauptmahlzeit:

½ Baguette oder ¼ Fladenbrot halbieren, eventuell toasten. 3 EL oder mehr Gulasch oder Geschnetzeltes in einer Pfanne in 1 EL Öl erwärmen, mit etwas exotischem Gewürz würzen. Inzwischen 2 Tomaten waschen, in Scheiben schneiden, 2 hart gekochte Eier pellen, in Scheiben schneiden. 1 kleinen Romana- oder Eisbergsalat putzen, waschen, in kleine Stücke teilen. Fleisch auf der unteren Hälfte von Baguette oder Fladenbrot verteilen, Salat, Tomaten und Eier daraufschichten, die andere Hälfte obendrauf setzen. Sandwich halbieren.

Pasta mit würziger Fleischsauce

Für 4 Vorspeisen:

200 g kurze Pasta nach Packungsangabe in Salzwasser al dente garen. Inzwischen 1 kleine Packung Tomatenfruchtfleisch in einer Pfanne erhitzen. Oder 4 Tomaten waschen, halbieren, mit den Fingern entkernen, fein hacken und erhitzen. 3 EL oder mehr Gulasch oder Geschnetzeltes und 100 g saure Sahne unter das Tomatenfruchtfleisch rühren, mit Salz, Pfeffer und Paprikapulver würzen. Pasta direkt aus dem Topf unter die Sauce rühren.

Kartoffel-Fleisch-Gratin

Für 2 Hauptgerichte zu Salat oder 4 Beilagen:

4 große festkochende Kartoffeln schälen, in dünne Scheiben schneiden, salzen und pfeffern. 1 EL Gulasch oder Geschnetzeltes auf dem Boden einer kleinen feuerfesten Form verteilen, die Hälfte der Kartoffelscheiben darauflegen, 1 EL Gulasch oder Geschnetzeltes daraufgeben, die restlichen Kartoffelscheiben darauflegen. 2 EL oder mehr Gulasch oder Geschnetzeltes mit 200 g Sahne oder Milch oder einer Sahne-Milch-Mischung verrühren, kräftig

salzen und pfeffern. Die Mischung über die Kartoffelscheiben gießen. Im vorgeheizten Ofen bei 190° etwa 40 Min. backen. Im ausgeschalteten Ofen 5 Min. ruhen lassen, bis es schnittfest ist.

Pizza mit Bratwurststückchen

Für 2 Hauptgerichte oder 4 Imbisse:

1 Fertig- oder TK-Pizzateig nach Packungsangabe zubereiten. Teig mit 3 EL Tomatensauce oder 2 fein gehackten Tomaten bestreichen. 1 Zwiebel schälen, fein hacken. 2 EL Öl erhitzen, Zwiebel darin in 5 Min. glasig dünsten. ½ Bratwurst in dünne Scheiben schneiden, zugeben und kurz mitbraten, mit Majoran würzen. Beides auf den Tomaten verteilen, mit 4 EL Reibekäse bestreuen. Im vorgeheizten Ofen bei 190° etwa 10–15 Min. backen.

Pasta mit Bratwurststückchen

Für 2 Hauptgerichte:

200 g lange Pasta nach Packungsangabe in Salzwasser al dente garen. 200 g Champignons putzen, hacken. 1 Knoblauchzehe und 1 Zwiebel schälen, fein hacken. 2 EL Öl erhitzen, beides darin in 5 Min. glasig dünsten. ½ Bratwurst in dünne Scheiben schneiden, zugeben und mitbraten. Champignons und 2 EL Pastakochwasser unterrühren, 5 Min. köcheln lassen, salzen und

pfeffern. Pasta aus dem Topf heben, unterrühren, mit 2 EL Reibekäse bestreuen.

Würstchenstulle

Für 1 Stulle:

2 Grillpaprika in feine Streifen schneiden. 1 Fenchelknolle putzen, waschen, fein hobeln. Mit Grillpaprikastreifen mischen. ½ Bratwurst schräg in dünne Scheiben schneiden. 1 EL Öl erhitzen, Bratwurstscheiben darin auf beiden Seiten knusprig braten. Inzwischen 2 Scheiben Brot eventuell toasten. Mit 1 TL Schärfe (z. B. Chilisauce) bestreichen. 1 Brotscheibe mit der Gemüsemischung belegen, die Wurstscheiben daraufgeben, die zweite Brotscheibe obendrauf legen.

Geflügel

Fixes Geflügelsüppchen

Für 4 Vorspeisen:

1 l Brühe aufkochen lassen. 2 Eier verquirlen, in die Brühe einlaufen lassen. Brühe vom Herd nehmen, mit 1–2 EL Sojasauce würzen. 1 Stück Brathühnchen teilen oder ½ Hähnchenbrustfilet fein aufschneiden, mit 4 EL Frühlingszwiebel- oder Schnittlauchröllchen auf tiefe Teller verteilen, Brühe mit Ei zugießen. Heiß servieren.

Rezepte

Chicken-Sandwich

Für 4 Mini-Sandwiches:

2 Brötchen halbieren, eventuell toasten. Die Hälften mit 4 EL Pesto bestreichen, mit 100 g Schnittkäse belegen. 1 Stück Brathühnchen oder ½ Hähnchenbrustfilet fein aufschneiden, eventuell salzen und pfeffern, in die Mitte von 2 Brötchenhälften legen, die anderen Hälften obendrauf setzen, andrücken. Sandwiches halbieren.

Bulgursalat

Für 4 Vorspeisen:

150 g Bulgur nach Packungsangabe in heißem Wasser quellen oder köcheln lassen. Inzwischen von 1 Bund Staudensellerie die harten äußeren Stangen entfernen, innere Stangen putzen, waschen, fein hacken. 4 hart gekochte Eier pellen, fein hacken. 4 EL Oliven halbieren. 1 Stück Brathühnchen oder ½ Hähnchenbrustfilet fein hacken. Alle vorbereiteten Zutaten in eine Schüssel geben. Aus dem Saft von 1 Zitrone, 2 EL Öl, Salz und Pfeffer ein würziges Dressing zubereiten, mit dem Bulgur verrühren. Lauwarm servieren.

Geflügeltäschchen

Für 4 Vorspeisen:

4 Platten TK-Blätterteig an den Rändern mit Wasser einstreichen. 1 Stück Brathühnchen oder ½ Hähnchenbrustfilet grob klein schneiden. Mit 100 g TK-Erbsen oder frischen Erbsen, 4 EL Schmant oder 3 EL Frischkäse, 1 EL gehacktem Estragon und Salz mit dem Pürierstab fein pürieren, mit Pfeffer kräftig würzen. In die Mitte der Teigplatten setzen, den Teig zu einer Tasche übereinanderklappen, fest andrücken. Im vorgeheizten Ofen bei 190° in 15 Min. goldbraun und knusprig braten.

Club-Sandwich

Für 2 sättigende Imbisse:

6 Scheiben Frühstücksspeck ohne Fett in 5 Min. knusprig rösten, abtropfen lassen. Salzwasser aufkochen. 2 Eier aufschlagen, vorsichtig ins Wasser gleiten und 6 Min. ziehen lassen (oder 2 Spiegeleier braten). 2 Tomaten waschen, in Scheiben schneiden. 1 Stück Brathühnchen oder ½ Hähnchenbrustfilet klein schneiden. 4 große Scheiben Brot toasten. 2 Scheiben einseitig und 2 Scheiben beidseitig mit 4 EL Mayonnaise bestreichen. Auf eine einseitig bestrichene Brotscheibe Eier und Speckstreifen geben, eine beidseitig bestrichene Scheibe darauflegen. Jeweils die Hälfte Fleisch und Tomaten daraufgeben, eine weitere beidseitig bestrichene Brotscheibe daraufsetzen, mit übrigem Fleisch und restlichen Tomaten belegen. Die letzte Brotscheibe mit der Mayonnaiseseite darauflegen, fest zusammendrücken. Sandwich in 4 kleine Ecken teilen.

Saltimbocca-Brötchen

Für 2 Imbisse:

1 Brötchen halbieren, eventuell toasten. 3 EL Butter mit ½ TL Salbei verrühren, die Hälften damit bestreichen. 4 Scheiben Räucherschinken und ½ zerteiltes Putenschnitzel darauflegen. Die Brötchenhälften fest zusammendrücken, die Brötchen in Alufolie wickeln. 30 Min. ruhen lassen.

Selleriesalat mit Putenstreifen

Für 4 Vorspeisen:

½ oder mehr Putenschnitzel in feine Streifen schneiden, in 2 EL Öl 2 Min. erwärmen. 1 kleinen Staudensellerie von den harten äußeren Stangen befreien, innere Stangen putzen, waschen, fein hacken. 1 Zitrone auspressen. 1 Apfel waschen, vierteln, entkernen, fein hacken, mit der Hälfte des Zitronensafts beträufeln und unter den Sellerie rühren. Aus dem übrigen Zitronensaft, 4 EL Schmant, Salz und Pfeffer ein Dressing zubereiten, unter die

Apfel-Sellerie-Mischung rühren. Den Salat mit Putenstreifen und 3 EL gehackten Nüssen (z. B. Walnüssen) bestreut servieren.

Grüner Bohneneintopf

Für 4 Hauptgerichte:

300 g grüne Bohnen waschen, putzen, halbieren. 1 Zwiebel schälen, fein hacken. 3 EL Öl erhitzen, Zwiebel darin in 5 Min. glasig dünsten. Bohnen und 1 große Dose Tomaten oder 6 gehackte Tomaten zugeben, einmal aufkochen lassen, salzen, pfeffern und abgedeckt in 15 Min. garen. Inzwischen ½ oder mehr Putenschnitzel fein aufschneiden, mit 4 EL frisch gehackten Kräutern kurz vor dem Ende der Garzeit zu den Bohnen geben und erwärmen, eventuell mit Salz und Pfeffer würzen.

Salat mit Entenbruststreifen

Für 4 Vorspeisen:

2 Scheiben Brot würfeln. 2 EL (Oliven-)Öl in einer Pfanne erhitzen, Brotwürfel darin in 5 Min. knusprig braten. 1 festen Salat (z. B. Romana) waschen, putzen, trocknen, die Blätter auf große Teller auslegen. ½ Entenbrust fein aufschneiden. Aus 3 EL Olivenöl, 1 EL Essig, 1 EL Honig, Salz und Pfeffer ein aromatisches Dressing zubereiten, über den Salat träufeln. Crôutons aus der Pfannen heben, über den Salat streu-

en. Entenbrust in der Pfanne in 1 Min. erwärmen, auf den Croûtons verteilen.

Lauwarmer Couscous-Salat

Für 4 Vorspeisen:

100 g Instant-Couscous nach Packungsangabe in heißem Wasser quellen lassen. 1 Handvoll Rucola waschen, putzen, zerpfücken, an den Rand der Teller legen. 1 Paprikaschote halbieren, putzen, waschen, hacken, unter den Couscous ziehen. Mit Salz, Pfeffer, etwas Schärfe und 1 EL Aceto balsamico würzen, in die Mitte der Teller geben. ½ Entenbrustfilet in feine Streifen schneiden, auf den Salat legen.

Feiner Entenbrustsalat

Für 2 Vorspeisen oder 3–4 pikante Desserts:

1 Mango schälen, in feine Streifen schneiden. 1 Orange schälen, filetieren, dabei den Saft auffangen. Mangostreifen und Orangenfilets abwechselnd als Fächer auf großen Tellern auslegen. ½ Entenbrust in feine Streifen schneiden, in der Mitte anrichten. Aus 2 EL Honig mit Orangensaft und Pfeffer ein würziges Dressing zubereiten, über den Salat träufeln. Mit 4 EL Pinienkernen bestreut servieren.

Geflügelcanapés

Für 6 Vorspeisen:

2 (Blut-)Orangen schälen, filetieren, dabei den Saft auffangen. ½ Baguette in fingerdicke Scheiben schneiden, eventuell toasten. Die Scheiben mit 6 EL Butter bestreichen. 1 Scheibe oder mehr Gänse-/Entenbraten fein hacken, in die Butter drücken, die Orangenfilets darauflegen. Aus 3–4 EL Beerengelee, dem aufgefangenen Saft und Pfeffer ein zähflüssiges Dressing zubereiten und darüberlöffeln.

Feiner Brotaufstrich

Für 6 Scheiben Brot:

1 Scheibe oder mehr Gänse-/Entenbraten fein würfeln. 2 Schalotten schälen, fein hacken. 3 EL Walnusskerne grob hacken, mit Schalotten unter das Fleisch rühren. 3 EL Butter, 1 TL Thymian, 2 EL Portwein oder 1–2 EL Sojasauce unterrühren. Den Aufstrich leicht salzen und pfeffern, eventuell mit der Gabel zerdrücken.

Rezepte

Püree mit Bratenstreifen

Für 4 Hauptgerichte:

1 kleinen Knollensellerie und 2 große Kartoffeln schälen, beides grob hacken. In 250 ml Milch mit 1 EL Salz und Pfeffer nach Wunsch in 15 Min. weich garen. Inzwischen 1 Scheibe oder mehr Gänse-/ Entenbraten in feine Streifen schneiden, in 1 EL Öl in einer Pfanne leicht erwärmen. Püree mit Bratenstreifen und Bratsud anrichten und servieren.

Frischfisch

Fischbrötchen mit Tomatensauce

Für 1 Brötchen:

1 Handvoll (Mini-)Tomaten waschen, halbieren, entkernen, grob hacken und in einem Sieb 10 Min. abtropfen lassen. Inzwischen aus 3 EL Olivenöl, dem Saft von 1 Zitrone, Salz und Pfeffer ein Dressing zubereiten. ½ oder mehr Kabeljaufilet fein aufschneiden, mit Dressing beträufeln. 1 Brötchen halbieren, eventuell toasten. Tomaten unter den Fisch rühren. 1 Brötchenhälfte damit belegen, die andere obendrauf setzen.

Eier und Fisch in Senfsauce

Für 2 Hauptgerichte:

4 Eier in 8 Min. wachsweich garen. Inzwischen 1 Eigelb mit 1 EL Senf und 150 g Sahne verquirlen. 4 EL Butter in einem Topf zerlassen. Die Mischung unter die Butter rühren und so lange schlagen, bis sie dicklich wird, vom Herd nehmen. Die Eier pellen, vierteln. ½ oder mehr Schollenfilet in mundgerechte Stücke schneiden, auf Teller legen, die Senfsauce darübergießen. Mit Eivierteln garnieren.

Feldsalat mit Pfefferfischdressing

Für 4 Vorspeisen:

200 g Feldsalat verlesen, zweimal waschen, trocken schleudern oder trocken tupfen, auf Teller verteilen. ½–1 EL Pfefferkörner zerstoßen. 2 Schalotten schälen, fein hacken. Aus 3 EL Olivenöl, 1 EL Weinessig, Schalotten, zerstoßenen Pfefferkörnern und Salz ein würziges Dressing zubereiten. ½ oder mehr Rotbarschfilet zerpflücken, mit Dressing beträufeln, 5 Min. ziehen lassen. Fisch mit Dressing auf dem Feldsalat anrichten.

Salsa-Verde-Fischbrote

Für 2 Imbisse:

1 kleines Bund Petersilie waschen, die Blätter abzupfen. 1 Knoblauchzehe schälen. Mit Petersilie, dem Saft von 1 Zitrone, 2–3 EL Olivenöl, Salz und Pfeffer mit dem Pürierstab pürieren, bis eine würzige und zähflüssige Sauce entsteht. 2 Scheiben Brot eventuell toasten, mit der Salsa verde bestreichen. ½ oder mehr Seelachsfilet zerpflücken, darauf verteilen. Die Brotscheiben zusammendrücken und halbieren.

Zitronenpasta

Für 4 Vorspeisen:

200 g lange Pasta nach Packungsangabe in Salzwasser al dente garen. Inzwischen die Schale von 1 Bio-Zitrone abreiben, den Saft auspressen. Schale und Saft mit 4 EL Olivenöl verschlagen, kräftig salzen und pfeffern. 4 EL frisch gehackte Kräuter unterrühren. ½ oder mehr Lachsfilet oder -kotelett fein würfeln, mit der Marinade in eine Schüssel geben und ziehen lassen, bis die Pasta gar ist. Pasta direkt aus dem Topf unter den Lachs heben, gut durchrühren, anrichten und heiß servieren.

Lachssalat

Für 4 Vorspeisen:

1 Packung gegarte Rote Bete fein würfeln (mit Küchenhandschuhen arbeiten), in eine Schüssel geben. 200 g Schmant mit 1 EL frisch geriebenem Meerrettich (oder aus dem Glas), dem Saft von 1 Zitrone, Salz und Pfeffer eine würzige Marinade zubereiten. ½ oder mehr Lachsfilet oder -kotelett fein würfeln, mit der Marinade unter die Rote Bete ziehen.

Lachs-Canapés

Für 4 Vorspeisen:

8 Scheiben Baguette toasten. Oder 2–4 Scheiben Schwarzbrot in 8 Stücke schneiden. 1 Zitrone auspressen. 1 Avocado halbieren, den Stein enfernen, die Hälften schälen, fein würfeln, mit der Hälfte des Zitronensafts verrühren. Mit etwas Schärfe, Salz und Pfeffer würzen. ½ oder mehr Lachsfilet oder Lachskotelett fein würfeln, mit übrigem Zitronensaft, 2 EL gehackter Kräuter, Salz und Pfeffer verrühren. Die Hälfte der Canapés erst mit Avocado, dann mit Lachs, die andere Hälfte erst mit Lachs, dann mit Avocado belegen.

Kartoffel-Lachs-Salat

Für 4 Vorspeisen:

6 Kartoffeln mit Schale in Salzwasser in 20 Min. weich garen. Die Kartoffeln pellen, würfeln und in eine Schüssel geben. ½ oder mehr Lachsfilet oder –kotelett in Würfeln untermischen. 3 EL Olivenöl, ½ Glas Weißwein oder den Saft von 1 Zitrone, Salz, Pfeffer und 1 EL frisch gehackte Minze unter den Kartoffel-Lachs-Mischung mengen. Abgedeckt bei Zimmertemperatur 20 Min. marinieren lassen, eventuell mit Salz und Pfeffer nachwürzen.

Lachskroketten

Für 4 Vorspeisen:

2 mehligkochende Kartoffeln schälen und in Salzwasser in 20 Min. weich garen. Die Kartoffeln zerdrücken oder durch die Kartoffelpresse drücken. Mit 2 Eiern, 4 EL Sahne, Salz, Pfeffer, 2 EL Schnittlauch gut verrühren. ½ oder mehr Lachsfilet oder –kotelett zerpflücken und unter die Kartoffelmasse verrühren. 8 Kroketten daraus formen. 250 ml Öl erhitzen, die Kroketten darin 5–10 Min. frittieren, auf Küchenpapier abtropfen lassen.

Lauchgemüse mit Lachs

Für 4 Vorspeisen:

4 Lauchstangen putzen, waschen und in feine Ringe schneiden. 3 EL Butter zerlassen, Lauch darin andünsten, 1 TL Thymian, Salz, Pfeffer, 2 EL Würzöl oder 3 EL Sahne unterrühren und 10 Min. köcheln lassen. Inzwischen ½ oder mehr Lachsfilet oder –kotelett fein würfeln, auf Teller geben, das heiße Gemüse daraufgeben.

Lachscreme mit Kapern

Für ½ Tasse:

1 Scheibe oder mehr Räucher- oder Graved Lachs hacken. Mit 1 EL Kapern, dem Saft von 1 Zitrone, Salz, Pfeffer, 1 EL Calvados oder 2 EL Brühe verrühren, eventuell mit dem Pürierstab pürieren.

Fischerzeugnisse

Crostini mit Forellenmus

Für 6–8 Crostini:

½ oder mehr Räucherforellenfilet mit 4 EL Frischkäse und 1–2 EL Sojasauce verrühren, kräftig mit Salz und Pfeffer würzen. ½ Baguette in 6–8 Scheiben schneiden, toasten, mit Forellenmus bestreichen.

Rezepte

Grapefruit-Salat

Für 2 Vorspeisen:

2 Grapefruits schälen, filetieren, dabei den Saft auffangen. Grapefruitfilets fächerförmig auf Teller auslegen. ½ oder mehr Räucherforellenfilet fein aufschneiden, in die Mitte der Teller geben. Aus Grapefruitsaft, 1 Kästchen Kresse, 4 EL Schmant, Salz und Pfeffer ein würziges Dressing zubereiten und darüberträufeln.

Apfel-Chicorée-Salat

Für 4 Vorspeisen:

2 Chicorée putzen, halbieren, vom Strunk befreien, in feine Streifen schneiden, waschen und auf Teller verteilen. ½ oder mehr Räucherforellenfilet grob zerpflücken. 1 Apfel waschen, vierteln, entkernen und würfeln. Mit Forellenfilet und dem Saft von 1 Zitrone, 3 EL Joghurt, Salz und Pfeffer verrühren und auf dem Chicorée anrichten.

Pasta mit Räucherforelle und Champignons

Für 4 Vorspeisen:

200 g kurze Pasta nach Packungsangabe in Salzwasser al dente garen. Inzwischen 200 g Champignons mit einem feuchten Tuch abwischen, eventuell entstielen und hacken. Mit 100 g Sahne, Salz und Pfeffer

in einem Töpfchen bei kleiner Hitze in 5 Min. garen. ½ oder mehr Räucherforellenfilet zerpflücken, mit dem Saft von 1 Zitrone beträufeln und unterrühren. Pasta direkt aus dem Topf vorsichtig unter die Sauce heben, auf Teller verteilen, mit 4 EL Schnittlauchröllchen bestreuen und servieren.

Kräuterröllchen mit Räucherforelle

Für 4 Vorspeisen:

4 Eier mit 4 EL Mehl, 1 EL Wasser und 4 EL frisch gehackten Kräutern verquirlen, salzen und pfeffern. ½ oder mehr Räucherforellenfilet klein schneiden. 2 EL Butter zerlassen und aus dem Teig nacheinander 4 Pfannkuchen backen. Räucherforelle in die Mitte der Pfannkuchen geben, die Pfannkuchen aufrollen, diese in Röllchen schneiden.

Matjes-Crostini

Für 4 Crostini:

2 Gewürzgurken fein hacken. 1 rote Zwiebel schälen, fein hacken. Beides mit 4 EL Quark, 1 Schuss Essig, Salz und Pfeffer verrühren. ½ oder mehr Matjesfilet zerpflücken und unterrühren. 4 kleine Scheiben Brot toasten und damit bestreichen.

Rotwein-Matjes

Für 4 Vorspeisen:

4 Kartoffeln mit Schale in Salzwasser in 20 Min. weich garen. Inzwischen 1 Zwiebel schälen, hacken. 2 EL Butter zerlassen, Zwiebel darin in 5 Min. glasig dünsten. 1 Glas Rotwein zugeben, pfeffern und offen bei kleiner Hitze in 5 Min. etwas einkochen lassen, leicht salzen. ½ oder mehr Matjesfilet würfeln, darin einlegen, den Sud etwas abkühlen lassen. Kartoffeln pellen, würfeln, mit dem Matjes anrichten.

Kartoffel-Matjes-Salat

Für 2 Hauptgerichte:

6 Kartoffeln mit Schale in Salzwasser in 20 Min. weich garen. Aus 4 EL Dillspitzen, 1 EL Senf, 1 EL Honig, 1 EL Essig und 3 EL Öl ein Dressing zubereiten. Kartoffeln pellen, würfeln. ½ oder mehr Matjesfilet würfeln, mit Kartoffelwürfeln unterrühren.

Sandwich mit Thunfisch

Für 1 gehaltvolles Sandwich:

½ Dose oder mehr Thunfisch abtropfen lassen und zerpflücken. Mit 1 TL Chilisauce oder 1 EL Pesto verrühren. 2 Scheiben Brot eventuell toasten. Die Brotscheiben damit dünn bestreichen. 1 Paprikaschote (rote oder grüne) halbieren, putzen, waschen, in feine Streifen schneiden. 1 Brotscheibe damit belegen, die andere Scheibe obendrauf legen, fest andrücken und halbieren.

Avocado-Thunfisch-Salat

Für 2 Vorspeisen:

½ Dose oder mehr Thunfisch abtropfen lassen, grob zerpflücken. 1 Zitrone auspressen. Aus der Hälfte des Zitronensafts, 3 EL Olivenöl, 1 EL Sojasauce, etwas Schärfe, Salz und Pfeffer ein würziges Dressing zubereiten. Avocado halbieren, den Stein entfernen, die Hälften schälen, in Spalten schneiden, auf Teller legen und mit restlichem Zitronensaft beträufeln. Thunfisch mit dem Dressing verrühren, auf den Avocadospalten anrichten.

Thunfisch-Artischocken-Creme

Für 1 Tasse:

2 Artischockenherzen fein hacken. ½ Dose oder mehr Thunfisch abtropfen lassen, zerpflücken. 1 kleine Knoblauchzehe schälen und dazupressen. Artischocken, den Saft von 1 Zitrone und 4 EL gehackte Petersilie unterrühren, kräftig salzen und pfeffern.

Thunfisch-Champignon-Creme

Für 1 Tasse:

6 Champignons mit einem feuchten Tuch abreiben, fein hacken. ½ Dose oder mehr Thunfisch abtropfen lassen. 2 EL Öl erhitzen, Champignons darin 5 Min. dünsten, salzen und pfeffern. 1 kleine Knoblauchzehe schälen, fein hacken und unterrühren. Thunfisch mit 2 EL gehackten Walnüssen oder 1 EL Kapern verrühren. Champignons mit Sud und 1 TL Essig unterrühren.

Bohnen-Kartoffel-Salat mit Thunfisch

Für 4 leichte Hauptgerichte:

6 Kartoffeln mit Schale in Salzwasser in 20 Min. garen. 4 Eier in 8 Min. wachsweich garen. 200 g grüne Bohnen waschen, putzen, halbieren und in Salzwasser in 8 Min. garen. Die Kartoffeln pellen, würfeln und auf einer Platte anrichten. Eier abschrecken, pellen und vierteln. Bohnen abgießen, mit den Eiern auf den Kartoffeln verteilen. 4 getrocknete in Öl eingelegte Tomaten fein hacken (Öl auffangen). ½ Dose oder mehr Thunfisch zerpflücken. Mit Tomaten, 3 EL Öl und Tomatenöl, den Saft von 1 Zitrone und 1 EL Aceto balsamico verrühren, salzen und pfeffern. Die Mischung auf dem Salat verteilen.

Rohkostsalat mit Thunfisch

Für 2 Rohkostsalate:

¼ Weißkohl putzen, in feine Streifen schneiden und waschen. 2 Möhren schälen, in feine Streifen schneiden oder hobeln. ½ Dose oder mehr Thunfisch abtropfen lassen, zerpflücken. Möhren mit Thunfisch und 3 EL saurer Sahne verrühren, kräftig salzen und pfeffern. Mit dem Weißkohl in einer Schüssel mischen. 1 kleines Bund Frühlingszwiebeln putzen, waschen, in feine Ringe schneiden und über den Salat streuen.

Gemüsekebabs mit Thunfischdressing

Für 4 Kebabs:

Je 1 rote, grüne und gelbe Paprikaschote halbieren, putzen, waschen, in grobe Stücke schneiden. 1 Zucchino waschen, putzen, in Scheiben schneiden. 1 Zwiebel schälen, grob hacken. Gemüse abwechselnd auf Spieße fädeln. Aus 3 EL Olivenöl, dem Saft von 1 Zitrone, Salz, Pfeffer und 1 EL gehacktem Rosmarin ein Dressing zubereiten, die Hälfte davon über die Spieße träufeln. Die Spieße unter dem heißen Grill 3–5 Min. grillen. ½ Dose oder mehr Thunfisch abtropfen lassen, zerpflücken, mit dem restlichen Dressing verrühren und zu den Spießen servieren.

Rezepte

Bohnen-Sardinen-Crostini

Für 10 Crostini:

1 kleine Dose Bohnen (z. B. Kidneybohnen) in einem Sieb kalt abspülen und abtropfen lassen. ½ Dose oder mehr Ölsardinen zerdrücken. 1 kleine Zwiebel schälen, fein hacken. Mit Ölsardinen, dem Saft von 1 Zitrone, 1 TL Thymian, Salz und Pfeffer verrühren. Das Brot eventuell toasten, in 10 Stücke schneiden, mit Sardinencreme bestreichen, Bohnen obendrauf geben.

Spanische Ofenkartoffeln

Für 2 sättigende Vorspeisen:

2 große mehligkochende Kartoffeln kalt abwaschen, jeweils in Alufolie wickeln. Im vorgeheizten Ofen bei 180° etwa 30 Min. backen. Inzwischen 1 kleine Knoblauchzehe schälen, fein hacken. Mit ½ Dose oder mehr Ölsardinen, 1 EL Senf, etwas Schärfe, Salz und Pfeffer verrühren. Ofenkartoffeln mit einer Gabel etwas aufbrechen und die Sardinenfüllung hineinlöffeln. Die Kartoffeln heiß servieren.

Tomatentarte mit Ölsardinen

Für 2 Vorspeisen:

2 Platten TK-Blätterteig gleichmäßig einstechen, einen fingerbreiten Rand hoch-

drücken. ½ kleine Dose oder mehr Ölsardinen mit etwas Schärfe und dem Saft von 1 Zitrone verrühren, die Teigplatten damit bestreichen. 4 Tomaten waschen, in Scheiben schneiden und darauflegen. Mit Salz und Pfeffer würzen, mit 1 EL Öl beträufeln. Im vorgeheizten Ofen bei 190° in 15 Min. knusprig backen.

Eier

Mayonnaise

Für 4–6 Portionen:

1 ganz frisches Eigelb, 1 Msp. Salz, 1 TL Senf und 1 EL Weißweinessig in ein hohes Mixgefäß geben und mit dem Pürierstab mixen. 250–300 ml Pflanzenöl in einem dünnen Strahl unter ständigem Weitermixen angießen, bis die Masse dicklich wird.

Butter-Spaghetti

Für 2–3 Imbisse:

150 g Spaghetti nach Packungsangabe in Salzwasser al dente garen. Inzwischen 60 g Butter in einem Topf zerlassen, mit Salz, Pfeffer und etwas Schärfe kräftig würzen. Pasta aus dem Topf in die Butter heben, 1 Eigelb dazugeben und unterrühren.

Selbst gemachte Pasta

Für 3–4 Hauptgerichte:

2 Eigelbe mit ½ TL Salz verrühren. 250 g Mehl auf einer Arbeitsfläche aufhäufeln, in die Mitte eine Vertiefung drücken, Eigelbe hineingeben. Mit einer Gabel Mehl in kreisförmigen Bewegungen in die Eimasse einarbeiten, dann kneten, bis ein glatter Teig entsteht. Den Teig in Frischhaltefolie wickeln und im Kühlschrank 30 Min. ruhen lassen. Inzwischen einen großen Topf mit stark gesalzenem Wasser aufsetzen. Teig in 4 Stücke teilen, die Stücke auf einer bemehlten Arbeitsfläche hauchdünn ausrollen, mit einem scharfen Messer oder mit der Nudelmaschine in dünne Streifen schneiden. Nudeln in kochendem Salzwasser in 3–5 Min. garen, bis sie an der Oberfläche schwimmen. Inzwischen 100 g Parmesan fein reiben. Pasta direkt aus dem Topf in eine Schüssel heben. 2 EL Kochwasser mit Parmesan, Salz, Pfeffer und 3 EL Butter sämig rühren, unter die Pasta heben und gut durchrühren. Gleich servieren.

Mousse au Chocolat

Für 4 kleine Desserts:

100 g Schokolade im Wasserbad schmelzen und auf Handwärme abkühlen lassen. 100 g Sahne unterrühren, dann 1 Eigelb und 2–3 EL (Vanille-)Zucker untermischen;

die Mousse wird etwas fester. Auf Cocktailgläser verteilen, abgedeckt im Kühlschrank in 2 Std. fest werden lassen.

Crème brûlée

Für 2 Desserts:

250 g Sahne erhitzen. 2 Eigelbe mit 1 EL Speisestärke und 1 EL Zucker verrühren. Die heiße Sahne mit dem Schneebesen unter die Eigelbe rühren. Die Masse in flache Auflaufförmchen gießen, abgedeckt im Kühlschrank in 2 Std. vollständig abkühlen lassen. Kurz vor dem Ende der Kühlzeit ins Tiefkühlfach stellen. 3 EL Zucker in einer beschichteten Pfanne bei kleiner Hitze schmelzen lassen. Die heiße Zuckerlösung vorsichtig auf die eiskalte Creme löffeln, 5 Min. stehen lassen, bis sie fest geworden ist.

Ofenwarme Knabbernüsse

Snack für 3:

1 Eiweiß mit 1–2 TL oder mehr fein gehacktem Rosmarin, 1 TL Salz und 1 TL Zucker verrühren, 100 g ganze Nüsse unterziehen. Nussmasse auf ein mit Backpapier belegtes Backblech streichen und im vorgeheizten Ofen bei 180° in 5–10 Min. knusprig backen.

Boxcar (1930er-Cocktail)

Für 1 Drink:

2 Teile Gin, 1 Teil Triple Sec, 1 TL Zitronensaft, ½ TL Grenadinensirup, 1 Eiweiß in einen mit Eiswürfeln gefüllten Shaker geben und schütteln. In ein eisgekühltes Cocktailglas abseihen.

Baisers

Für 8–10 Stück oder 4 kleine Desserts:

2 Eiweiße mit 1 Prise Salz steif schlagen. 50 g Puderzucker und 50 g feinen Zucker unterziehen. Die Masse teilen, 1 EL Kakaopulver unter eine Hälfte ziehen. Die Masse mit einem Löffel oder einem Spritzbeutel in kleinen Häufchen auf ein mit Backpapier belegtes Backblech setzen. Im Ofen bei 120° etwa 80–90 Min. backen, bis sie fest, aber innen noch etwas zäh sind.
TIPP: Fürs Dessert 200 g Beeren nach Wunsch waschen, etwas zerdrücken. Helle und dunkle Baisers auf Dessertteller verteilen, dazwischen Beeren füllen, Puderzucker darübersieben oder mit Mandelblättchen bestreut servieren.

Schnee-Eier

Für 2 Desserts:

2 Eiweiße mit 1 Prise Salz steif schlagen, bis sich Spitzen bilden. 2 EL feinsten Zucker unterrühren. 250 ml Milch erwärmen, mit 2 EL Zucker, 1 Prise Zimtpulver und 1 TL Vanillearoma oder dem Mark von ½ Vanillestange aromatisieren. Mit einem Teelöffel kleine Nocken vom Eischnee abstechen, einige Min. in der Milch ziehen lassen. Auf tiefe Teller geben und mit Schokoladenstücken bestreuen.
TIPP: Bei diesem Dessert können auch Kinder mithelfen.

Schaum-Makronen

Für 6 Makronen:

2 Eiweiße in einem Wasserbad warm steif schlagen. 150 g Zucker und 100 g gemahlene Mandeln unterrühren. Vom Teig mit einem Löffel 6 Häufchen abstechen und auf 6 Oblaten setzen. Im vorgeheizten Ofen bei 170° in 20–30 Min. goldbraun backen.
TIPP: Keine Oblaten zur Hand? Backblech mit geschmacksneutralem Öl einfetten und Makronen direkt auf das Blech setzen.

Rezepte

Schokoladensoufflé

50 g Bitterschokolade im Wasserbad schmelzen lassen. Inzwischen 4 Eiweiße mit 1 Prise Salz steif schlagen, 50 g feinen Zucker unterrühren. Eiweiße unter die Schokolade ziehen, die Masse auf Auflaufförmchen verteilen und im vorgeheizten Ofen bei 180° etwa 10 Min. backen. Förmchen auf Dessertteller stellen, eventuell Puderzucker darübersieben.

Weißes Omelett

Für 1 leichtes Hauptgericht oder 2 Vorspeisen:

1 Zucchino waschen, putzen, fein hobeln, mit 1 TL Salz bestreuen und kurz ziehen lassen, mit Küchenpapier ausdrücken. 1 kleine Zwiebel schälen und hacken. 2 EL Öl in einer Pfanne erhitzen, Zucchino und Zwiebel darin 5 Min. dünsten. Gemüse pfeffern, herausnehmen, mit 2 EL gehackter Petersilie würzen. 3 Eiweiße mit etwas Salz verschlagen. 1–2 EL Öl in einer beschichteten Pfanne erhitzen, Eiweiße darin bei kleiner Hitze 1 Min. braten. Inzwischen 2 EL Reibekäse unter das Gemüse rühren, eventuell nachwürzen. Gemüse auf einer Seite des Omeletts verteilen, andere Seite darüberklappen und noch 2 Min. garen. Heiß servieren.

Pesto-Eier

Pro Ei:

Ei pellen, halbieren, das Eigelb herauslösen. Mit 1 Msp. Pesto und 1 EL Schmant verrühren, salzen und pfeffern. Die Masse in das Eiweiß füllen. Mit 1 TL gehackten Pinienkernen bestreuen.

Sol-Eier

Für 2 Imbisse:

200 ml Wasser mit 3 EL Essig, 1 EL Pfefferkörnern oder 2 EL Senfkörnern, 2 Lorbeerblättern und 1 EL Salz aufkochen lassen. Inzwischen 4 Eier auf einer Arbeitsplatte rollen, damit die Schale gleichmäßig aufplatzt. Eier in ein Schüsselchen oder Glas geben, mit Sud übergießen und 24 Std. ziehen lassen.

Eiersalat

Für 2 Scheiben Brot:

2 hart gekochte Eier pellen, fein hacken. 1 Gewürzgurke oder 2–3 Cornichons ganz fein hacken. Mit Eiern, 2 EL gehackten Kräutern (Schnittlauch oder Dill) verrühren. Aus 1 EL Gurkensud, 2 EL Mayonnaise oder 1 EL Mayonnaise und 1 EL Schmant ein Dressing zubereiten und unter die Eier rühren, kräftig salzen und pfeffern.

Brotaufstrich mit Ei

Für 2 Scheiben Brot:

2 hart gekochte Eier pellen, fein hacken. 2 EL Oliven fein hacken und unter die Eier mischen. 3 EL Quark mit etwas Schärfe, Salz und Pfeffer kräftig würzen und mit den Eiern verrühren.

Spargel mit Mimoseneiern

Pro Ei:

4 Stangen weißen Spargel schälen oder von 4 Stangen grünem Spargel nur die holzigen Enden abbrechen. Weißen Spargel in Salzwasser in 15–20 Min., grünen Spargel in 8–10 Min. garen. Inzwischen 2 EL Butter zerlassen, salzen und pfeffern. Spargel auf einem Teller anrichten, mit Butter beträufeln. 1 hart gekochtes Ei durch eine feine Reibe darüberdrücken.

Artischockensalat mit Ei

Für 4 Vorspeisen:

1 Glas Artischockenherzen vierteln, auf einer Platte anrichten. 4 Scheiben rohen Schinken längs halbieren, 1 oder mehr hart gekochte Eier längs vierteln. Beides zwischen die Artischocken stecken. Aus 3 EL Olivenöl, 1 EL Essig, 2 EL frisch gehackter Petersilie, Salz und Pfeffer ein Dressing zubereiten und darüberträufeln.

Mit Brot servieren oder 150 g gegarte Pasta unterrühren.

Picknick-Sandwich

Für 1 Sandwich:

2 Scheiben Frühstücksspeck oder 1 EL Speckwürfel in einer Pfanne bei mittlerer Hitze ausbraten, unter 3 EL oder mehr Eiersalat rühren. Inzwischen 2 Scheiben Brot toasten. 2 EL oder mehr Eiersalat auf 1 Brotscheibe streichen. 1 Handvoll Rucola waschen, grob hacken und daraufgeben. Die zweite Brotscheibe obendrauf setzen. Eventuell in Dreiecke schneiden.

Avocadosalat

Für 2 Vorspeisen:

1 reife Avocado schälen, den Stein entfernen, das Fruchtfleisch würfeln, salzen und pfeffern, mit 2 EL oder mehr Eiersalat verrühren. 1 Päckchen Alfalfasprossen kalt abbrausen, auseinanderpflücken und trocken tupfen, auf Teller verteilen, den Salat darauf anrichten.

Gefüllte Selleriestangen

Für 1 Partyplatte:

Von 1 Staudensellerie die holzigen Stangen entfernen, das Grün abschneiden und beiseitelegen. Restliche Stangen putzen,

kalt abbrausen, in fingerlange Stücke teilen. 4 EL oder mehr Eiersalat mit 2 EL gehackten Kapern(äpfeln) und Pfeffer verrühren. Die Selleriestücke mit je 1 TL Füllung füllen, auf einer Platte anrichten. Selleriegrün dazwischenstecken.

Gefüllte Champignons

Für 2 Beilagen:

4 große Champignons oder 8 kleine Champignons putzen, feucht abreiben, die Stiele entfernen. Außenseite mit 1 EL Öl bestreichen, Innenseite salzen und pfeffern. Mit der Außenseite nach unten 5 Min. grillen. 4 EL oder mehr Eiersalat mit etwas Schärfe würzen, 2 EL gehackten Kerbel oder Rucola unterrühren, die Masse in die Champignons füllen.
TIPP: Statt die Champignons zu grillen, die Pilze in 2 EL Öl bei mittlerer Hitze in 2 Min. garen, 3 EL heißes Wasser zugeben und abgedeckt in 5–8 Min. fertig garen, dann füllen.

Flädlesuppe

Für 4 Vorspeisen:

1 l Brühe erhitzen. Inzwischen 1–2 Pfannkuchen aufrollen und in dünne Streifen schneiden. In der Brühe 1 Min. ziehen lassen. 1 Bund Schnittlauch waschen, in Röllchen schneiden und auf Suppentas-

sen verteilen, die heiße Brühe zugießen. Eventuell mit einigen Tropfen Würzöl aromatisieren.

Fleischpfannkuchen

Für 4 Vorspeisen:

1 kleine Zwiebel schälen, fein hacken. Mit 250 g Hackfleisch oder Mett verrühren, salzen und pfeffern. In 2 EL Öl von allen Seiten in 8 Min. garen. Mit etwas Schärfe würzen. Aus der Pfanne nehmen. 1 Glas Tomatensauce oder 1 Päckchen Tomaten erhitzen, eventuell salzen und pfeffern. Die Hälfte als Saucenspiegel auf Teller geben. Hackfleisch auf 2 Pfannkuchen verteilen, diese aufrollen und halbieren. Pro Portion ½ Fleischpfannkuchen auf den Saucenspiegel setzen, mit der restlichen Sauce beträufeln. Gleich servieren.

Warme Müslipfannkuchen

Für 4 Portionen:

2 EL Müsli mit 100 g Beeren, 100 g Joghurt und 1 EL Honig verrühren. Pro Pfannkuchen 1 EL Butter in einer beschichteten Pfanne erwärmen, 1 Pfannkuchen darin von beiden Seiten erwärmen. Den zweiten Pfannkuchen ebenso zubereiten. Müslimasse auf den Pfannkuchen verteilen, diese aufrollen und halbieren. Gleich servieren.

Rezepte

Orangenpfannkuchen

Für 2 Desserts:

1 Orange filetieren, dabei den Saft auffangen und beiseitestellen. Orangenfilets mit 1 EL Orangenlikör oder Orangenblütenwasser und 4 EL Joghurt verrühren. 1 EL Butter in einer beschichteten Pfanne erhitzen, 1 Pfannkuchen darin von beiden Seiten braun braten, vom Herd ziehen, Orangenjoghurt daraufgeben, aufrollen und noch 1 Min. in der heißen Pfanne erwärmen. Pfannkuchen halbieren, auf Tellern anrichten, Saft zugießen, mit Puderzucker oder braunem Zucker bestreuen.

Milchprodukte

Lassi

Pro Drink:

200 g Buttermilch mit 4 Eiswürfeln mixen, 1 EL Steakpfeffer unterrühren, servieren.
TIPP: Für die süße Variante das Fruchtfleisch von 1 reifen Mango mit der Buttermilch pürieren oder statt mit Steakpfeffer mit 1 EL Rosenwasser aromatisieren.

Marinade für Fleisch und Geflügel

Für 1 Stück Fleisch oder Geflügel:

1 kleine Zwiebel schälen, fein hacken. Mit 1 kleinen Tasse oder mehr Buttermilch und 4 EL frisch gehackten Kräutern verrühren. Mit Salz, Pfeffer und etwas Schärfe kräftig würzen.

Buttermilchcracker

Für 20 Cracker:

180 g Mehl mit 1 EL Zucker, 100 g eiskalter, geriebener Butter und 125 g Buttermilch zu einem recht klebrigen Teig verrühren. Den Teig in Frischhaltefolie wickeln und im Kühlschrank 1 Std. ruhen lassen. Backblech mit Backpapier belegen. Teig darauf hauchdünn ausrollen, mit einer Gabel gleichmäßig einstechen, mit 1 verschlagenen Eiweiß bestreichen und mit 1 EL Salz bestreuen. Im vorgeheizten Ofen bei 180° in 10–15 Min. goldbraun backen, dann nach Wunsch in Stücke brechen.

Muffins

Für 12 Muffins:

2 Eier mit 125 g Buttermilch, 100 g Zucker und 60 ml neutralem Öl (kein Olivenöl) verrühren. 200 g Mehl mit 1 Tütchen Backpulver und 1 TL Zimtpulver verrühren, unterziehen. Den relativ flüssigen Teig in eine bei Bedarf eingefettete Muffinform gießen, im vorgeheizten Ofen bei 180° etwa 15 Min. backen.
TIPPS: Schmecken warm oder lauwarm. Für fruchtige Muffins 150 g Beeren, z. B. Blaubeeren, unter den Teig rühren.

Scones

Für 8 Scones:

100 g eiskalte Butter reiben. Mit 250 g Mehl, 1 Tütchen Backpulver und 1 Prise Salz verrühren. 125 g Buttermilch mit 1 Ei und 2 EL Zucker verschlagen, unter die Mehlmischung rühren und zu einem feuchten Teig verkneten. Den Teig in 8 Stücke teilen, zu Scones/Küchlein formen, auf ein mit Backpapier belegtes Backblech legen, abgedeckt 1 Std. ruhen lassen. Im vorgeheizten Ofen bei 190° etwa 10 Min. backen.
TIPP: Eventuell 3 EL Rosinen in der Buttermilch einige Minuten einweichen. Scones schmecken am besten ofenwarm mit selbst gemachter Marmelade oder englischem Käse.

Geeiste Rote-Bete-Suppe mit Croûtons

Für 4 Vorspeisen:

1 Päckchen gegarte Rote Bete grob hacken, dabei den Saft auffangen. Mit 250 g Buttermilch und 800 ml Brühe mit

dem Pürierstab pürieren, 8 Eiswürfel unterrühren, etwas stehen lassen. Inzwischen 2 EL Öl in einer Pfanne erwärmen, 1–2 Scheiben Brot darin bei kleiner Hitze erwärmen. 50 g Blauschimmelkäse darüberstreuen und abgedeckt 3 Min. stehen lassen, bis der Käse geschmolzen ist. Das Brot würfeln. Die Suppe salzen und pfeffern, nochmals pürieren, in tiefe Teller gießen und mit Croûtons bestreut servieren.

Ofengetrocknete Tomaten mit Crème fraîche

Für 4 Vorspeisen:

250 g Tomaten waschen, halbieren, mit der Schnittfläche nach oben auf ein mit Backpapier belegtes Backblech legen, mit 3 EL Olivenöl beträufeln, gut salzen und leicht pfeffern. Im vorgeheizten Ofen bei 160° etwa 1 Std. backen. Inzwischen 2 EL oder mehr Crème fraîche mit 3 EL gehacktem Basilikum verrühren, mit Salz und Pfeffer würzen. Tomaten auf Teller setzen. Sud mit der Crème fraîche verrühren, eventuell mit einem Pürierstab aufschäumen und über die Tomaten träufeln.

Kartoffelschnee mit Zwiebeln

Für 4 Beilagen:

4 große mehligkochende Kartoffeln schälen, halbieren und in Salzwasser in 20 Min.

weich garen. Inzwischen 2 Zwiebeln schälen, fein hacken. 4 EL Butter zerlassen, Zwiebeln darin bei kleiner Hitze in 15 Min. bräunen, salzen und pfeffern. Kartoffeln durch eine Presse oder ein Haarsieb drücken, mit 2 EL oder mehr Crème fraîche und 3 EL Milch verrühren. In eine Schüssel füllen, gebräunte Zwiebeln obendrauf geben und servieren.

Gebräunte Blumenkohlröschen mit Crème-fraîche-Kresse

Für 2 vegetarische Hauptgerichte:

1 kleinen Blumenkohl waschen, putzen, in Röschen teilen, diese in wenig Salzwasser in 10 Min. garen. Inzwischen 4 EL Butter in einer beschichteten Pfanne zerlassen, 3 EL Semmelbrösel darin bräunen, mit Salz und Pfeffer würzen. Blumenkohl auf Teller verteilen, 2 EL oder mehr Crème fraîche obendrauf geben und die Semmelbröselbutter darauflöffeln. Mit 1 Kästchen Kresse bestreut servieren.

Ruckzuck-Pasta

Für 2 Hauptgerichte:

200 g lange Pasta nach Packungsangabe in Salzwasser al dente garen. Inzwischen 2 EL oder mehr Crème fraîche mit 4 EL Reibekäse, Salz und Pfeffer verrühren. Pasta direkt aus dem Topf auf Pastateller vertei-

len, Sauce daraufgeben und umrühren, damit der Käse schmilzt. Sofort servieren.

Gebräunte Birnen auf Crème-fraîche-Spiegel

Für 2 Desserts:

2 reife Birnen halbieren, entkernen, eventuell schälen. 2 EL Butter in einer beschichteten Pfanne zerlassen, Birnen mit der Schnittfläche nach unten bei mittlerer Hitze in 5 Min. bräunen. Inzwischen 2 EL oder mehr Crème fraîche, 1 Msp. Zimtpulver und 2–3 TL Zucker verrühren und als Spiegel auf Teller geben. Die Birnen mit der gebräunten Seite nach oben daraufsetzen und sofort servieren.

Joghurtmarinade für Fleisch und Geflügel

Für 1 Stück Fleisch:

1 Zwiebel und 1 Knoblauchzehe schälen, beides fein hacken. 2 EL Öl erhitzen, Zwiebel und Knoblauch darin bei kleiner Hitze in 5–8 Min. glasig dünsten. Etwas Schärfe, 1 EL gehackten Ingwer, Salz und Pfeffer unterrühren. Die Mischung unter 4 EL oder mehr Joghurt pur rühren.

Rezepte

Salatdressing

Für 1 Salat:

2 EL oder mehr Joghurt pur mit 2 EL Dill-spitzen, 2 EL Schnittlauch- oder Frühlingszwiebelröllchen, dem Saft von 1 Zitrone und 1 TL Senf verrühren, kräftig salzen und pfeffern.

Joghurt-Ei-Creme

Für 4 Scheiben Brot:

2 Eier in 10–12 Min. hart kochen, abschrecken, pellen und hacken. Mit 4 EL Joghurt pur, 1 EL Mayonnaise und 1 TL Dillspitzen verrühren. 1 kleine Zwiebel schälen, fein hacken und unterziehen. Mit Salz und Pfeffer würzen.

Gurkensauce

Für 4 Beilagen:

1 Salatgurke schälen, in feine Scheiben schneiden. 1 Knoblauchzehe schälen, fein hacken. Gurke und Knoblauch mit 4 EL Joghurt pur, 3 EL frisch gehackter Minze und 2 EL Olivenöl verrühren. Mit Salz und Pfeffer würzen.

Süßsäuerlicher Tomatensalat

Für 4 Vorspeisen:

500 g Tomaten waschen, in Scheiben schneiden, in eine Schüssel geben. Aus 3 EL oder mehr Joghurt pur, 2 EL Rosinen, 1 EL Essig, Salz und Pfeffer ein Dressing zubereiten und unter die Tomaten rühren. 3 EL Pinienkerne in einer Pfanne ohne Fett rösten und über den Salat streuen.

Möhren-Dip

Für 1 Tasse:

2 Möhren schälen, hacken. 3 EL Olivenöl in einer Pfanne erhitzen, Möhren darin kurz anbraten, salzen und pfeffern. Mit 100 ml heißem Wasser abgedeckt in 8 Min. weich garen. Mit 1 TL Kreuzkümmel oder etwas Schärfe pürieren. 3 EL oder mehr Joghurt pur und 2 EL gehackte Oliven unterrühren. Eventuell mit Salz und Pfeffer nachwürzen.

Fetakäse-Paprika-Dip

Für 1 Tasse:

1 (rote) Paprikaschote halbieren, putzen, waschen, fein würfeln. 100 g Fetakäse zerbröckeln, mit 3 EL Joghurt pur verrühren. 1 kleine Knoblauchzehe schälen, fein hacken. Mit Paprikawürfeln und 1 TL Thymian unterrühren, mit Salz und Pfeffer würzen.

Hähnchen in Joghurtsauce

Für 2–3 Imbisse:

1 Hähnchenbrustfilet kalt abspülen, trocken tupfen, in feine Streifen schneiden. 2 EL Öl in einer Pfanne erhitzen, Fleisch darin von allen Seiten 8 Min. braten, salzen und pfeffern. 3 EL oder mehr Joghurt pur unter das Fleisch rühren. 3 EL Mandeln hacken oder mahlen. Mit 1 TL frisch gehacktem Estragon, 1 Msp. Schärfe, Salz und Pfeffer unterziehen.

Joghurt-Eis

Für 2 Desserts:

2 EL Beeren waschen, mit 3 EL oder mehr Joghurt pur und 2 EL Puderzucker verrühren. In Auflaufförmchen füllen, mit gehackten Nüssen nach Wunsch bestreuen, mit Frischhaltefolie umwickeln und im Gefrierfach in 2 Std. fest werden lassen.

Orangenfilets mit Schoko-stückchen

Für 2 Desserts:

2 Orangen schälen und filetieren, dabei den Saft auffangen. Orangenfilets auf große Teller legen. 2 Rippen Bitterschokolade hacken. Mit 3 EL oder mehr Joghurt pur, Orangensaft und 1 TL oder mehr Honig oder 1 EL Zucker verrühren. Auf den

Orangenfilets verteilen. Mit 1 fein gehackten Rippe Bitterschokolade bestreuen.

Frozen yoghourt

Für 2 Desserts:

3 EL Joghurtzubereitung mit 3 EL Sahne und 200 g Beeren nach Wunsch verrühren, in eine flache Gefrierbox füllen. Den Joghurt im Gefrierfach in 3 Std. fest werden lassen, dabei zweimal pro Stunde durchrühren, damit sich keine Eiskristalle bilden.

Obstsalatdressing

Für 2 Portionen:

3 EL Joghurtzubereitung mit 1 TL Granatapfel- oder Holundersirup und 3 EL Schokoladenraspel verrühren.

Schichtdessert

Für 2 Desserts:

1 Orange schälen und filetieren, dabei den Saft auffangen. Oder 1 Mango schälen, das Fruchtfleisch würfeln, den Saft auffangen. 4 Schokoladenkekse in Dessertgläser krümeln. Orangenfilets oder Mangowürfel mit 3 EL oder mehr Joghurtzubereitung verrühren, darübergießen und 15 Min. stehen lassen.

Rettich-Quark-Dip

Für 1 große Tasse:

1 kleine Zwiebel schälen, fein hacken. 1 kleinen Rettich schälen, raspeln. Oder 4 oder mehr Radieschen putzen, waschen und hacken. 3 EL Quark mit 3 EL Schnittlauchröllchen, Zwiebel, Salz, viel schwarzem Pfeffer und 1 TL Tomatenmark verrühren. Rettich oder Radieschen unter den Quark rühren.

Spinat-Dip

Für 1 große Tasse:

1 kleine Zwiebel schälen, fein hacken. Mit 300 g TK-Spinat in 2 EL Öl in 5 Min. weich garen. Oder 800 g frischen Spinat verlesen, zweimal waschen, ausdrücken und garen. Spinat ausdrücken, ganz fein hacken. 1 kleine Knoblauchzehe schälen, fein hacken. Mit 2 EL oder mehr Quark pur, 1 EL Mayonnaise und 2 EL frisch gehackter Petersilie unter den Spinat rühren, salzen und pfeffern.

Quarknudeln

Für 2 Vorspeisen:

100 g Eiernudeln nach Packungsangabe in Salzwasser weich garen. Inzwischen 100 g Speckwürfel ohne Fettzugabe in einer Pfanne bei kleiner Hitze rösten. 3 EL Semmelbrösel einstreuen. Nudeln direkt aus dem Topf in die Pfanne heben. 3 EL Quark und 2 EL saure Sahne unterrühren, salzen und pfeffern. Heiß servieren.

Gefülltes Quark-Omelett

Für 2 Desserts:

4 Eier verquirlen. 2 EL Butter in einer beschichteten Pfanne zerlassen. Eier darin bei kleiner Hitze stocken lassen. Inzwischen aus 3 EL oder mehr Quark, 2 EL Puderzucker und 1 EL Rosinen eine süße Füllung zubereiten. Die Füllung auf eine Omeletthälfte geben, die andere Hälfte darüberklappen, abgedeckt 2–3 Min. stocken lassen.

Französischer Gurkensalat

Für 2–3 Beilagen:

1 Salatgurke schälen, in feine Scheiben schneiden, mit 2 EL Salz mischen und in einem Sieb einige Min. abtropfen lassen. 1 Knoblauchzehe schälen, fein hacken, mit dem Saft von 1 Zitrone unter 2 EL oder mehr Kräuterquark verrühren. Gurke mit Küchenpapier abtupfen und unterziehen.

Rezepte

Radieschen-Dip

Für 1 kleine Tasse:

4 Scheiben Frühstücksspeck ohne Fett in einer Pfanne bei mittlerer Hitze knusprig braten. 1 Bund Radieschen putzen, waschen, hacken und unter 3 EL oder mehr Kräuterquark rühren. Den Speck zerkrümeln und unterrühren, eventuell pfeffern.

Mini-Pizza

Für 4 Vorspeisen:

2 Platten TK-Blätterteig mit der Gabel gleichmäßig einstechen. 2 EL oder mehr Kräuterquark mit 100 g zerbröckeltem Fetakäse verrühren, die Teigplatten damit bestreichen. 2 Tomaten waschen, in Scheiben schneiden. Tomatenscheiben und 2 EL Oliven darauflegen. Im vorgeheizten Backofen bei 210° auf dem Ofenboden in 10 Min. knusprig backen.

Kartoffelsalat

Für 2 Beilagen:

6 Kartoffeln mit Schale in Salzwasser in 20 Min. garen. Inzwischen 1 kleinen Rettich (schwarz, rot oder weiß) schälen, fein hobeln, mit 2 EL Salz bestreuen und in einem Sieb abtropfen lassen. Kartoffeln pellen und in Scheiben schneiden. 2 EL oder mehr Kräuterquark mit 1 TL Öl und

1 TL Essig verrühren und unter die Kartoffeln ziehen. Rettich mit Küchenpapier abtupfen und unterrühren, mit Salz und Pfeffer würzen.

Pikantes Cremedressing

Für ¼ Tasse:

2 EL oder mehr Sahne mit 1 TL Salz und 1 TL Aceto balsamico verrühren.

Avocado mit Cremedressing

Für 2 Vorspeisen:

1 reife Avocado halbieren, den Stein entfernen, die Hälften schälen, in Scheiben schneiden, diese fächerförmig auf Teller legen. 1 Zitrone auspressen. Die Hälfte des Zitronensafts über die Avocado träufeln. Aus dem restlichen Saft, 1 EL Olivenöl, 2 EL oder mehr Sahne und 2 EL frisch gehackten Kräutern ein Dressing zubereiten, kräftig mit Salz und Pfeffer würzen, als Rand um die Avocado gießen. Mit 1 EL frisch gehackten Kräutern bestreut servieren.

Spinatsalat mit Olivenöl-Sahne-Dressing

Für 4 kleine Vorspeisen:

200 g Blattspinat putzen, zweimal in kaltem Wasser waschen, trocken tupfen, in 4 Schüsseln auslegen. 1 Handvoll Champignons mit einem feuchten Tuch abreiben, in feine Scheiben schneiden und daraufgeben. 1 kleine Knoblauchzehe schälen. Aus 2 EL oder mehr Sahne, 2 EL Olivenöl und 1 EL Essig ein cremiges Dressing zubereiten, den Knoblauch dazupressen, kräftig salzen und pfeffern. Den Salat damit beträufeln.

Beerensalat mit Schokosauce

Für 2 Desserts:

200 g Beeren nach Wunsch waschen. 4 Kekse zerdrücken, Beeren und Kekse abwechselnd in Gläser (z. B. Sektschalen) schichten. 3 Rippen weiße Schokolade im Wasserbad schmelzen lassen, 2 EL oder mehr Sahne unterrühren, bis die Creme etwas eindickt. Die Beeren damit beträufeln, sofort servieren.

Käse

Orangencreme für Obstsalat

Für 4 Portionen:

2 EL Mascarpone mit 1 EL Orangenmarmelade und 2 EL Orangensaft verrühren.

Christmas crumble

Für 4 Desserts:

8 Spekulatius in Dessertschalen bröckeln, 2 EL Mascarpone darauf verteilen. Jeweils 1 Kugel Vanilleeis obendrauf setzen, 2–3 Min. stehen lassen, bis Eis, Mascarpone und Kekse etwas weicher werden.

Eiskaffee italiana

Für 2 Eiskaffees:

Je 1 EL Mascarpone in hohe Gläser oder Sektschalen geben. 4 EL heißen Espresso darauf verteilen. Je 1 Kugel Eiscreme nach Wahl dazugeben. Mit 4 Rippen geriebener Bitterschokolade garniert servieren.

Orientalische Creme

Für 8 Mini-Desserts:

½ Tafel weiße Schokolade im Wasserbad schmelzen lassen. 2 EL Mascarpone, 3 EL Joghurt, 1 Prise Muskat und 2–3 EL Pistazien unterrühren. Auf Löffeln anrichten.

Süßsäuerlicher Tomatensugo

Für 4 Pastagerichte:

2 kleine Zwiebeln schälen, fein hacken. In 3 EL Olivenöl bei kleiner Hitze langsam in 15 Min. braun werden lassen. 1 kleine Dose Tomaten, 2 EL Mascarpone und 1–2 TL Aceto balsamico unterrühren. Mit Salz und Pfeffer würzen.

Schinkenbrot mit Zwiebelconfit

Für 1 Portion:

1 Zwiebel schälen, fein hacken. 3 EL Butter erhitzen, Zwiebel darin mit 1 TL Zucker in 10 Min. glasig dünsten. 1–2 EL Mascarpone unterrühren und einige Min. köcheln lassen. 1 Scheibe Brot mit der Hälfte des Confits und 2–4 Scheiben Schinken nach Wahl belegen. Mit restlichem Confit anrichten.

Paprika mit Mozzarella

Für 2 Vorspeisen:

1 Grillpaprika aus dem Glas in feine Streifen schneiden. 1 Paprikaschote halbieren, putzen, waschen, in briefmarkengroße Stücke schneiden. Ein Drittel Mozzarellakugel würfeln. Alles auf Tellern anrichten, 8 Basilikumblätter dazwischenstecken und mit 2 EL Olivenöl und 1 EL Aceto balsamico beträufeln.

Mozzarella-Sandwich

Pro Portion:

Ein Drittel Mozzarellakugel fein würfeln, salzen und pfeffern. 1 Stück Fladenbrot oder Focaccia halbieren. 4 getrocknete, in Öl eingelegte Tomaten fein hacken, in die Brothälften drücken. 2 Tomaten waschen, fein würfeln und daraufgeben, mit Salz und Pfeffer würzen. Mit Mozzarellawürfeln bestreuen. Die zweite Hälfte obendrauf legen. Das Sandwich in Frischhaltefolie wickeln, mit Konserven beschweren und im Kühlschrank 30 Min. ziehen lassen.

Italienisches Brötchenkonfekt

Für ca. 10 Stück:

150 ml warmes Wasser mit 1 Tütchen Hefe und 1 EL Honig verrühren, 15 Min. stehen lassen, bis die Hefe aktiv ist und Blasen wirft. 250 g Mehl unterrühren und zu einem Teig verkneten. Den Teig abgedeckt an einem warmen Ort in 1 Std. auf das Doppelte aufgehen lassen. Inzwischen ein Drittel Mozzarellakugel fein würfeln, mit 2 EL fein gehackten getrockneten Tomaten oder Kräutern nach Wunsch und 1 TL Salz verrühren. Unter den Teig kneten. Den Teig 30 Min. gehen lassen. In 10 walnussgroße Stücke rollen, auf ein mit Backpapier belegtes Backblech legen. Im vorgeheizten Ofen bei 200° etwa 10 Min. backen.

Rezepte

Ricottacreme

*Für 1 Dip oder als Aufstrich für
2 Scheiben Brot:*

2 EL Ricotta mit 2 EL geriebenem Parmesan, 2 EL Olivenöl und 2 EL gehacktem Basilikum verrühren, salzen und pfeffern.

Pasta mit Ricotta-Kräuter-Sauce

Für 4 Vorspeisen:

200 g kurze Pasta nach Packungsangabe in kochendem Salzwasser al dente garen. Inzwischen 2 EL Ricotta mit 2 EL geriebenem Parmesan und 1 EL Kräuter verrühren, kräftig salzen und pfeffern. Pasta aus dem Topf in eine kleine Schüssel heben, Sauce mit 2 EL Kochwasser verrühren, gleich unterziehen und heiß servieren.

Käsecreme

Für 6 Scheiben Brot:

1 kleinen, reifen Brie in eine Schüssel reiben oder fein hacken. 2 EL Ricotta, 2 EL gehackte grüne Oliven, 2 EL gehackte Walnüsse oder Pinienkerne und 6 gehackte getrocknete in Öl eingelegte Tomaten unterrühren. Mit Salz und Pfeffer würzen. Abgedeckt im Kühlschrank 2 Std. ziehen lassen. Vor dem Servieren auf Zimmertemperatur bringen und eventuell mit Salz und Pfeffer nachwürzen.

Zucchiniröllchen

Für 2 Vorspeisen:

1 Zucchino waschen, längs in 4 Scheiben schneiden. 2 EL Ricotta mit 1 TL Aceto balsamico, 50 g gewürfeltem Schnittkäse, 1 TL gehacktem Thymian oder Rosmarin verrühren, mit Salz und Pfeffer würzen. Zucchinoscheiben außen mit 1 EL Öl, innen mit Füllung bestreichen, aufrollen und 5–7 Min. grillen.
TIPP: Die Röllchen statt auf dem Grill in der Pfanne zubereiten. 2 EL Öl in der Pfanne erhitzen, Röllchen darin abgedeckt bei mittlerer Hitze in 5–10 Min. garen.

Weiße Pizza

Für 4 Vorspeisen:

1 Packung TK-Pizzateig nach Packungsangabe zubereiten. Den Teig mit 2 EL oder mehr Ricotta bestreichen, mit 100 g Reibekäse und 2 EL Pinienkernen bestreuen. Im vorgeheizten Ofen bei 180º etwa 12 Min. backen. Inzwischen 1 Handvoll Rucola waschen, putzen, hacken. Pizza vierteln und mit Rucola bestreut servieren.

Orangendreiecke

Für 2 Desserts:

1 längliche Platte TK-Blätterteig halbieren. 2 EL Ricotta mit 2 EL Orangenlikör oder mit 1 filetierten, gehackten Orange samt Saft verrühren. 2 EL gehackte Mandeln, 1 EL Zucker und 1 EL frisch gehackte Minze unterrühren. Auf den Teighälften verteilen, diese zu Dreiecken zusammenklappen und die Ränder fest andrücken. Im vorgeheizten Ofen bei 200º in 12–15 Min. goldbraun backen.
TIPP: Von Thymian, Lavendel oder Rosmarin nur 1 TL verwenden.

Paprika-Dip

1 kleine Tasse:

100 g Räucherschinken fein würfeln. 1 Paprikaschote halbieren, putzen, waschen, fein würfeln. Mit 2 EL weichem Ziegenkäse und Schinkenwürfeln verrühren. Mit Salz, Pfeffer und 2–5 Spritzern Tabasco würzen.

Pasta mit Ziegenkäsesauce

Für 2 Hauptgerichte:

200 g lange Pasta nach Packungsangabe in Salzwasser al dente garen. Inzwischen 3 EL Pinienkerne in einer Pfanne ohne Fett goldbraun rösten. 2 EL Olivenöl, 2 EL zerdrückten weichen Ziegenkäse unterrühren,

salzen und pfeffern. Pasta direkt aus dem Topf in die Pfanne heben, gut unterrühren. Mit 4 EL Semmelbrösel bestreut servieren.

Käsekekse

Für ca. 12 Kekse:

150 g Mehl mit 2 EL weichem Ziegenkäse und 2 EL Blauschimmelkäse verrühren, mit 2–5 Spritzern Worcestersauce würzen. 2 EL gehackte Nüsse nach Wunsch unterrühren. In Frischhaltefolie zu einer Rolle drehen, im Kühlschrank 30 Min. ruhen lassen. Mit einem scharfen Messer in 12 Stücke teilen, auf ein mit Backpapier belegtes Backblech legen, Folie abziehen. Im vorgeheizten Ofen bei 180° 10 Min. backen, bis sie fester werden. Auf einem Küchengitter abkühlen lassen.

Käsecreme

Für 6 Baguettescheiben:

3 EL Blauschimmelkäse mit 2 EL Portwein oder 1 reifen, gehackten Birne und 1 TL gehacktem Thymian verrühren. Die Creme salzen und pfeffern.

Radieschenbaguette

Für 2 Imbisse:

½ Baguette oder 2 Brötchen halbieren. 1 Bund Radieschen putzen, in Scheiben schneiden. Mit 3 EL Blauschimmelkäse und 1 EL Öl verrühren, kräftig salzen und pfeffern. Baguette- oder Brötchenhälften damit füllen, mit der anderen Hälfte abdecken, in 2–4 Stücke teilen. In Frischhaltefolie wickeln und 20 Min. im Kühlschrank ruhen lassen.

Blue Cheeseburger

Pro Portion:

150 g Hackfleisch salzen, pfeffern, zu einem Burger formen und auf dem Grill von beiden Seiten 3 Min. braten. 1 Brötchen halbieren, beide Hälften mit 2 EL Blauschimmelkäse bestreichen. 1 Tomate waschen, in feine Scheiben schneiden. Beide Seiten mit Tomate belegen. Den Burger auf eine Hälfte legen, 5 Zwiebelringe darauflegen, offen servieren.

Schweineschnitzel mit Apfelkompott

Pro Portion:

1 Schweineschnitzel oder -kotelett kalt abwaschen, trocken tupfen. 2 EL Öl in einer Pfanne erhitzen, das Fleisch darin auf einer Seite 4 Min. braten, wenden, 2 EL Blauschimmelkäse auf der gebratenen Seite verstreichen. Abgedeckt bei kleiner Hitze in 4–5 Min. durchgaren. Inzwischen 2 Äpfel halbieren, entkernen, fein hacken, in 2 EL Schmant 5 Min. köcheln lassen, leicht salzen. Eventuell ½ TL Essig unterrühren. Auf einem Teller anrichten, das Fleisch daraufsetzen.

Champignonsalat

Für 4 Vorspeisen:

200 g Champignons von den Stielen befreien, mit einem feuchten Tuch abreiben, in Scheiben schneiden, auf Teller legen. 2 EL Blauschimmelkäse mit dem Saft von 1 Zitrone und 2 EL Olivenöl verrühren, leicht salzen und pfeffern. Über die Champignons träufeln. Mit 2 EL gehackten Nüssen bestreut servieren.

Rote Bete mit cremigem Dressing

Für 4 Vorspeisen:

1 Packung gegarte Rote Bete würfeln, den Saft auffangen. Frische Rote Bete waschen, nicht abtrocknen, einzeln in Alufolie wickeln und im vorgeheizten Ofen bei 180° in 25–35 Min. weich garen. Garsud auffangen, Rote Bete häuten (mit Küchenhandschuhen arbeiten) und würfeln. Aus dem Saft oder Garsud, 3 EL Blauschimmelkäse, 3 EL Olivenöl, Salz und Pfeffer ein Dressing zubereiten, über die Roten Beten träufeln.

Rezepte

Blätterteigtaschen mit Fetakäse

Pro Portion:

1 Platte TK-Blätterteig mit 2 EL zerkrümeltem Fetakäse und 1 fein gehackten Grillpaprika belegen, zusammenklappen, die Seiten fest andrücken. Im vorgeheizten Ofen bei 200° in 10–12 Min. goldbraun backen.

Spinatfrittata

Für 4 Vorspeisen:

300 g TK-Spinat auftauen lassen, ausdrücken. Oder 800 g frischen Spinat verlesen, zweimal waschen, vollständig ausdrücken. 4 Eier verschlagen, Spinat und 2 EL Dillspitzen unterrühren. 2 EL zerkrümelten Fetakäse unterrühren, salzen und pfeffern. 2 EL Öl in einer beschichteten Pfanne erhitzen, Spinatmasse darin abgedeckt bei mittlerer Hitze in 10 Min. garen, bis die Masse gestockt ist.

Griechischer Sommersalat

Für 6 Vorspeisen:

½ Wassermelone in mundgerechte Stücke teilen, den Saft auffangen. 1 rote Zwiebel schälen, in dünne Ringe schneiden. 1 kleines Bund Minze fein hacken. Alles auf einer Platte anrichten. Aus Melonensaft, 4 EL Olivenöl, dem Saft von 1 Zitrone und 2 EL oder mehr zerdrücktem Fetakäse,

Salz und Pfeffer ein Dressing zubereiten. Das Dressing über den Salat geben, den Salat abgedeckt 15 Min. kalt stellen.

Käsewaffeln mit Zitronenbutter

Für 4 Waffeln:

150 g Mehl mit 1 TL Backpulver und ½ TL Salz verrühren. 1 Ei mit 3 EL geriebenem Brie unterrühren. 80 ml Milch dazugeben, zu einem zähflüssigen Teig verrühren. Ist er zu fest, etwas zerlassene Butter zugeben. Aus dem Teig nacheinander 4 Waffeln im Waffeleisen backen. Inzwischen 4 EL Butter zerlassen, den Saft von 1 Zitrone zugeben, etwas einkochen lassen, leicht salzen und pfeffern. Über die heißen Waffeln gießen.

Pilztarte

Für 4 Vorspeisen:

200 g grüne Bohnen putzen, halbieren, in Salzwasser in 8 Min. garen. Inzwischen 2 EL getrocknete Pilze in 2 EL erwärmtem Cognac oder in 1 EL heißem Wasser und 2 EL Sojasauce einweichen. 4 EL Schmant mit 3 EL oder mehr geriebenem Brie verrühren, salzen und pfeffern. 4 Platten TK-Blätterteig mit einer Gabel gleichmäßig einstechen, dabei einen 1 cm breiten Rand frei lassen. Bohnen, Pilze und die Hälfte der Einweichflüssigkeit verrühren, darauf

verteilen. Teigplatten auf einem mit Backpapier belegten Backblech im vorgeheizten Ofen (unten) bei 200° in etwa 15 Min. knusprig braun backen.

Ofenwarme Käse-Tomaten

Für 2 Vorspeisen oder Desserts:

4 Tomaten (idealerweise Strauchtomaten) waschen, in eine kleine, gefettete ofenfeste Form geben, salzen und pfeffern und mit 2 EL Olivenöl beträufeln. 3 EL geriebenen Brie und 2 EL Sonnenblumenkerne daraufgeben, leicht salzen und pfeffern. Im vorgeheizten Ofen bei 180° etwa 10 Min. backen, bis der Käse Farbe angenommen hat und geschmolzen ist.

Schweizer Schinken-Käse-Salat

Für 2–3 Vorspeisen:

200 g gekochten Schinken in feine Streifen schneiden. 3 EL oder mehr Schnittkäse in Streifen unterziehen. Aus 2 EL Mayonnaise oder 3 EL Schmant oder einem Mix aus 1 TL Essig, Salz und viel Pfeffer ein Dressing zubereiten. Das Dressing unter den Salat rühren.

Thunfischsandwich

Für 1 Sandwich:

1 Scheibe Brot toasten. 1 kleine Dose Thunfisch mit 3 EL Mixed Pickles verrühren, salzen und pfeffern. Das Brot damit bestreichen, mit 3 Scheiben Schnittkäse belegen und unter dem Backofengrill backen. Oder für den Sandwichmaker 1 Scheibe Brot darauflegen und grillen.

Warmes Sauerkrautsandwich

Für 1 Sandwich:

1 Scheibe Brot mit 1 EL Senf bestreichen, mit 3 EL zerpflücktem Sauerkraut und 6 Scheiben Corned Beef belegen. 3 Scheiben Schnittkäse darauflegen. Im vorgeheizten Ofen bei 180° in 5–8 Min. überbacken. Oder für den Sandwichmaker noch 1 Scheibe Brot darauflegen und grillen.

Nudel-Tomaten-Gratin

Für 4 Vorspeisen:

200 g Pasta nach Packungsangabe in Salzwasser al dente garen. 1 Knoblauchzehe schälen, fein hacken. 4 Tomaten waschen, hacken. Gehackte Tomaten oder 1 kleine Dose Tomaten mit 1 EL Oregano verrühren, kräftig salzen und pfeffern. 1 EL Tomaten in eine ofenfeste Form füllen, die Pasta darauf verteilen, die restliche Tomatenmischung darübergießen und mit 4 Scheiben oder mehr Schnittkäse belegen. Im vorgeheizten Ofen bei 190° etwa 20 Min. gratinieren, bis sich eine goldbraune Kruste gebildet hat.

Linsenschnittchen

Für 10 Schnittchen:

150 g rote Linsen in 400 ml Brühe in 15 Min. weich garen. Eventuell überschüssigen Garsud abgießen. 1 Zwiebel schälen, fein hacken. 2 Möhren schälen, fein reiben. 2 EL Öl erhitzen, Zwiebel darin in 5 Min. glasig dünsten. Mit den Möhren unter die Linsen rühren. 3 EL oder mehr Schnittkäse in Würfeln unterrühren, kräftig salzen, pfeffern. In eine mittelgroße Auflauf- oder Kastenform füllen. Im vorgeheizten Ofen bei 180° etwa 20 Min. backen, bis das Gemüse fest geworden ist. Etwas abkühlen lassen, in 10 Stücke schneiden.

Fixe Käsepasta

Für 4 kleine Vorspeisen:

250 g lange Pasta nach Packungsangabe in Salzwasser al dente garen. Inzwischen 3 EL oder mehr geriebenen Hartkäse mit etwas Schärfe, 2 zerkrümelten Salbeiblättern oder 1 EL gehacktem Rosmarin unter 4 EL weiche Butter rühren. Pasta direkt aus dem Topf in eine Schüssel heben. Die Kräuterbutter unter die Pasta ziehen, gut mischen und heiß servieren.

Hüttenkäse-Muffins

Für 6 Muffins:

250 g Hüttenkäse mit 3 Eiern, 2 EL oder mehr geriebenem Hartkäse und 6 gehackten getrockneten, in Öl eingelegten Tomaten verrühren. 150 g Mehl und 1 Tütchen Backpulver verrühren und unterziehen. Den Teig in eine Muffinform füllen, im vorgeheizten Ofen bei 180° in 15–20 Min. goldbraun backen.

Salamifrittata

Für 2 Hauptgerichte:

4 Kartoffeln mit Schale in Salzwasser in 20 Min. garen, pellen, in Scheiben schneiden. 2 EL Öl in einer beschichteten Pfanne erhitzen, abwechselnd Kartoffeln und 100 g Salami in Scheiben einschichten. 2 EL geriebenen Hartkäse mit 4 Eiern verquirlen, salzen, pfeffern, darübergießen und abgedeckt in 10 Min. stocken lassen.

Rezepte

Brot mit Käsekruste

Für 1 Brot:

200 ml warmes Wasser mit 1 Tütchen Hefe und 1 EL Honig verrühren, 15 Min. quellen lassen, bis die Hefe aktiv ist und Blasen wirft. 300 g Mehl, 2 EL Olivenöl und 1 TL Salz unterrühren und zu einem Teig verkneten. Den Teig abgedeckt an einem warmen Ort 1 Std. auf das Doppelte aufgehen lassen. Den Teig noch mal kneten, in eine mit Backpapier ausgelegte mittelgroße Kastenform oder in 2 saubere kleine Blumentöpfe geben und mit 3 EL geriebenem Hartkäse bestreuen. Abgedeckt 30 Min. gehen lassen. Im vorgeheizten Ofen bei 190° etwa 20–25 Min. backen. Garprobe machen: Mit den Fingerknöcheln auf die Unterseite des Brotes klopfen. Klingt es hohl, ist das Brot durchgebacken.

Sommerminestrone

Für 4 leichte Hauptgerichte:

250 g grüne Bohnen putzen, halbieren. 2 Zucchini putzen, grob hacken. 1 Bund Frühlingszwiebeln putzen, waschen, in Ringe schneiden. Bohnen mit Zucchini in 1 l Brühe einmal aufkochen und 10 Min. köcheln lassen. Mit Salz und Pfeffer würzen. Frühlingszwiebeln mit 3 EL geriebenem Hartkäse unterrühren, abgedeckt noch 5 Min. köcheln lassen. 1 Bund Basili-

kum im Ganzen zugeben, 2 Min. mitköcheln lassen, dann entfernen. Eventuell mit Salz und Pfeffer nachwürzen.

Pasta mit Ziegenkäsesauce

Für 2 Hauptgerichte:

200 g lange Pasta nach Packungsangabe in Salzwasser al dente garen. Inzwischen 2 Paprikaschoten (gelbe und rote) halbieren, putzen, waschen, in hauchdünne Streifen schneiden und in 4 EL Olivenöl in 5 Min. garen. 2 EL geriebenen harten Ziegenkäse unterrühren. Mit etwas Schärfe, Salz und Pfeffer würzen. Pasta direkt aus dem Topf unter die Paprikastreifen heben, gut verrühren und heiß servieren.

Ofenkartoffeln mit pikanter Füllung

Für 2 Ofenkartoffeln:

2 große mehligkochende Kartoffeln waschen, nicht abtrocknen, in Alufolie wickeln und auf dem Grill oder im Ofen bei 180° in 25–35 Min. garen. Inzwischen aus 2 EL geriebenem hartem Ziegenkäse, 4 EL Quark, 1 EL frisch gehackten Kräutern, Salz und Pfeffer ein cremiges Dressing zubereiten. Ofenkartoffeln etwas aufdrücken, das Dressing darauflöffeln und 2 Min. stehen lassen, bis der Käse geschmolzen ist.

Salamipizza

Für 2 Hauptgerichte:

1 Packung TK-Pizzateig nach Packungsangabe zubereiten. Den Teig mit 3 EL Tomatensauce bestreichen, 200 g Salami in Scheiben darauf verteilen und mit 2 EL geriebenem hartem Ziegenkäse bestreuen. Die Pizza im vorgeheizten Ofen bei 180° etwa 12 Min. backen.

Saucen

Omelett mit Sauce

Für 2 Vorspeisen:

2 EL Butter in einer Pfanne zerlassen. 5 Eier leicht verschlagen, salzen, pfeffern und in die Pfanne geben. Nach 2 Min. ½ Tasse oder mehr Bratensauce über die Eier löffeln, das Omelett fertig braten.

Pasta mit cremiger Bohnensauce

Für 2 Hauptgerichte:

200 g kurze Pasta nach Packungsangabe in Salzwasser al dente garen. Inzwischen 1 kleine Dose Riesenbohnen abgießen, kalt abbrausen. 50 g Sahne erwärmen, ½ Tasse oder mehr Bratensauce und die Riesenbohnen einrühren, kräftig salzen, pfeffern und 3 Min. köcheln lassen.

1 EL fein gehackten Rosmarin unterrühren. Pasta direkt aus dem Topf in die Sauce heben, unterrühren, heiß servieren.

Deutscher Döner

Für 2 Döner:

300 g Hackfleisch in 1 EL Öl kurz anbraten, ½ Tasse oder mehr Bratensauce zugeben und in 5 Min. durchgaren, etwas einkochen lassen, salzen und pfeffern. 2 Tomaten waschen, hacken und unterrühren. Mit Salz und Pfeffer würzen. 2 Pitabrote toasten, öffnen, Fleischfüllung hineinlöffeln, 200 g Weißkrautsalat dazugeben.

Zwiebel-Rosinen-Relish

Für 1 Tasse:

1 Gemüsezwiebel schälen, in Ringe schneiden. ½ Tasse oder mehr Bratensauce mit 2 EL Rosinen und 1 TL Thymian bei kleiner Hitze 15 Min. köcheln lassen, bis die Zwiebel gar ist. Mit Salz und Pfeffer würzen, mit 2 EL Cognac oder 1–2 EL Aceto balsamico ablöschen.

Möhrengulasch

Für 4 Hauptgerichte:

1 Bund Möhren schälen, fein hacken, in 200 ml Salzwasser und 2 EL Butter in 10 Min. weich garen. Inzwischen 400 g kurze Pasta nach Packungsangabe in Salzwasser al dente garen. Möhren abgießen, ½ Tasse oder mehr Gulaschsauce und 1 TL Oregano unterrühren, eventuell salzen, pfeffern. Pasta direkt aus dem Topf heben, unter das Möhrengulasch rühren.

Würstl mit Saft

Für 2 Imbisse:

2 Paar Wiener Würstchen in heißem Wasser kurz ziehen lassen. ½ Tasse oder mehr Gulaschsauce erwärmen. Würstchen auf Teller legen, mit Gulaschsauce servieren.

Spiegeleier auf Saucenspiegel

Für 2 leichte Mittagessen:

½ Tasse oder mehr Gulaschsauce in einem Töpfchen erwärmen. 2 EL Butter in einer Bratpfanne zerlassen, 2 Eier hineingeben und zu Spiegeleiern braten, mit 2 EL Reibekäse bestreuen, salzen und pfeffern. Sauce auf Teller löffeln, Spiegeleier daraufsetzen. Mit 2–3 EL Schnittlauchröllchen bestreut servieren.
TIPP: Am leckersten zu herzhaftem Graubrot oder knusprigem Baguette.

Reis-Bohnen-Ragout

Für 4 Vorspeisen:

100 g Reis nach Packungsangabe in Salzwasser weich garen. Inzwischen 1 kleine Zwiebel schälen, fein würfeln. 4 große Tomaten waschen, hacken. 2 EL Öl erhitzen, Zwiebel darin in 5 Min. glasig dünsten. Gehackte Tomaten oder 1 kleine Dose Tomaten unterrühren, salzen, pfeffern und 5 Min. köcheln lassen. Inzwischen 1 kleine Dose Bohnen nach Wunsch abgießen, kalt abspülen. Mit ½ Tasse oder mehr Gulaschsauce unter die Tomaten rühren. Reis unterrühren. Mit Salz, Pfeffer und 1 EL Essig abschmecken.

Linsensuppe mit Paprikawürfeln

Für 2 Hauptgerichte:

1 Zwiebel schälen, fein hacken. 150 g Linsen und Zwiebel in 500 ml Brühe in 20–60 Min. weich garen. ½ Tasse oder mehr Gulaschsauce und 2 EL Essig unterrühren, salzen und pfeffern. Inzwischen 1 Paprikaschote oder 1 Spitzpaprika halbieren, putzen, waschen, fein würfeln. Linsensuppe auf Teller verteilen, mit 4 EL Joghurt und Paprikawürfeln garnieren.

Rezepte

Würziger Kohl

Für 4 Hauptgerichte:

Blätter von 1 Spitzkohl oder Wirsing ablösen, waschen, den Strunk entfernen, die Blätter fein schneiden. 1 kleine Dose Tomaten mit ½ Tasse oder mehr Gulaschsauce, 1 TL Thymian und 1 TL edelsüßem Paprikapulver in einem Topf verrühren und erwärmen. Den Kohl unterrühren, abgedeckt in 10 Min. weich kochen. Mit 200 g Sour Cream oder Joghurt sämig rühren, salzen und pfeffern.

Tomaten-Canapés

Für 4 Vorspeisen:

4 Scheiben Brot toasten, mit 2 EL Butter bestreichen. 2 Tomaten waschen, in dünne Scheiben schneiden, darauflegen, salzen und pfeffern. 3 EL oder mehr Sauce hollandaise erwärmen, Toasts damit beträufeln und mit 12 großen Basilikumblättern dekoriert servieren.

Paprikastreifen in Sauce hollandaise

Für 2 Vorspeisen:

1 Grillpaprika fein hacken, mit 3 EL oder mehr Sauce hollandaise und 1 TL Senf verrühren und erwärmen. 1 Paprikaschote waschen, halbieren, putzen, in ganz feine Streifen schneiden, in der Sauce hollandaise in 3 Min. erwärmen, heiß servieren.

Spinat mit wachsweichen Eiern

Für 2 Hauptgerichte:

800 g Spinat verlesen, zweimal waschen. Frischen Spinat oder 300 TK-Spinat in einem Topf ohne weitere Wasserzugabe mit Salz, Pfeffer und 1 Msp. Muskat bei kleiner Hitze 5 Min. köcheln lassen. Inzwischen 4 Eier in 8 Min. wachsweich kochen, abschrecken, pellen, halbieren. Spinat auf Teller verteilen, die Eierhälften daraufsetzen, mit 2 EL oder mehr heißer Sauce hollandaise beträufeln.

Grüngemüse mit Sauce

Für 4 vegetarische Vorspeisen:

500 g Lauch putzen, waschen, in feine Ringe schneiden, in wenig Salzwasser und 1 EL Butter in 8 Min. glasig dünsten. Inzwischen 1 Brokkoli in kleine Röschen teilen, den Stiel schälen und klein schneiden. In wenig Salzwasser und 1 EL Butter in 5 Min. bissfest garen. 4 EL Sauce hollandaise in einem Töpfchen erwärmen, 300 g TK-Erbsen darin bei kleiner Hitze in 3–5 Min. garen. Lauch und Brokkoli abtropfen lassen, unter die Sauce rühren, eventuell salzen und pfeffern.

TIPP: Mit 200 g Reis wird daraus ein leichtes Hauptgericht für vier.

Tomaten-Joghurt-Dip

Für 1 Tasse:

4 EL oder mehr Tomatensauce mit 100 g Joghurt und 3 EL gehackter Petersilie oder fein geschnittenem Basilikum verrühren. Mit etwas Schärfe, Salz und Pfeffer würzen.

Blitz-Gazpacho

Für 2 Vorspeisen:

½ Tasse oder mehr Tomatensauce mit 4 Eiswürfeln und 4 fein gehackten getrockneten, in Öl eingelegten Tomaten pürieren. Eventuell mit Salz und Pfeffer würzen. Gazpacho in schöne Gläser füllen, einige Eiswürfel unterrühren. 10 Oliven nach Wunsch auf Holzspießchen fädeln und in die Gazpacho stecken.

Rührei mit Käse

Für 2–3 Vorspeisen:

4–5 Eier verschlagen, 4 EL oder mehr Tomatensauce und 2 EL Reibekäse unterrühren, kräftig salzen und pfeffern. In 3 EL Butter als Rührei ausbraten.

Reissalat mit Hähnchen und Avocado

Für 3–4 Hauptgerichte oder 1 Partysalat:

200 g Reis nach Packungsangabe in Salzwasser weich garen. Inzwischen 400 g fertig gegartes Hähnchenfleisch zerpflücken. Frisches Hähnchenfleisch kalt abspülen, trocken tupfen, quer in Streifen schneiden, in den letzten 3 Min. auf den Reis legen und mitgaren. Abgetropften Reis und Fleisch in eine Schüssel geben, mit ½ Tasse oder mehr Tomatensauce verrühren, mit Salz und Pfeffer würzen. 1 reife Avocado schälen, in Spalten schneiden, mit dem Saft von 1 Zitrone beträufeln und die Spalten auf den Salat legen.

Hähnchen mit Oliven

Pro Portion:

200 g Hähnchenfleisch kalt abspülen, trocken tupfen. Oder gegartes Hähnchen in Streifen schneiden. 100 g Oliven hacken. 3 EL Olivenöl erhitzen, rohes Fleisch darin von allen Seiten anbraten. Oliven, ½ TL Thymian und 4 EL oder mehr Tomatensauce unterrühren, abgedeckt in 5–10 Min. garen. Die gegarten Hähnchenstreifen nur 2–3 Min. in der Sauce erwärmen.

Pasta mit Wodka-Sahne-Sauce

Für 2 Hauptgerichte:

200 g kurze Pasta nach Packungsangabe in Salzwasser al dente garen. Inzwischen 4 EL oder mehr Tomatensauce erwärmen. 50 g Sahne und 2 EL Wodka angießen. Mit Salz, Pfeffer und 2–5 Spritzern Tabasco würzen. Pasta direkt aus dem Topf in die Tomatensauce heben, unterrühren. Mit 2 EL gehackter Petersilie garniert servieren.

Italo-Burger

Pro Portion:

3 EL oder mehr Hackfleischsauce erwärmen. 100 g Champignons putzen. 1 kleine Zwiebel schälen. Champignons und Zwiebel fein hacken. In der Sauce in 5–8 Min. garen. Inzwischen 1 Brötchen halbieren und toasten. 1 Handvoll Rucola waschen, hacken, untere Brötchenhälfte damit belegen. Champignonsauce darüberlöffeln und die obere Hälfte obendrauf legen.

Kartoffel-Mais-Ragout

Für 2 Hauptgerichte:

4 Kartoffeln schälen, würfeln und in Salzwasser in 8 Min. weich garen. Inzwischen 1 kleine Dose Mais in 3 EL Hackfleischsauce erwärmen. Kartoffeln unterrühren, mit etwas Schärfe, Salz und Pfeffer würzen.

Überbackenes Gemüse

Für 2–3 Beilagen:

2 Zucchini, ¼ Kürbis oder 6 Tomaten waschen und putzen. Kürbis fein, andere Gemüse grob würfeln. In 2 EL Öl bei mittlerer Hitze in 5 Min. braun braten. 3 EL oder mehr Hackfleischsauce unterrühren. Mit Salz, Pfeffer und ½ TL Oregano würzen. In eine Auflaufform geben, mit 50 g Reibekäse bestreuen und im vorgeheizten Ofen bei 200° etwa 10 Min. gratinieren, dann im ausgeschalteten Ofen noch 5 Min. ruhen lassen.

Würzmittel

Curryreis mit Zucchinigemüse

Für 1 Portion:

60 g Reis nach Packungsangabe in Salzwasser weich garen. Inzwischen 1 Zucchino putzen, in feine Scheiben schneiden, in 1 EL Öl mit Salz in 5 Min. garen. 1–2 TL Currypaste und den abgetropften Reis unterrühren, eventuell noch salzen.

Rezepte

Scharf gefüllte Eier

Für 4 Imbisse:

4 Eier in 10–12 Min. hart kochen, abschrecken, pellen und halbieren. Eigelbe herauslösen und in eine Schüssel geben. 1 TL Currypaste und 3 EL Schmant unterrühren, salzen und pfeffern. Die Masse in die ausgehöhlten Eier füllen. Abgedeckt im Kühlschrank 30 Min. ziehen lassen.

Lauch-Curry-Creme

Für 1 Portion:

2 Lauchstangen putzen, waschen, in feine Ringe schneiden und in wenig Salzwasser in 8 Min. weich garen. Abgetropften Lauch mit 1–2 EL Currypaste und 150 g Joghurt mit dem Pürierstab cremig pürieren, mit Salz würzen.

Asia-Nudeln mit Möhren

Für 4 Hauptgerichte:

1 Bund Möhren schälen, stifteln, in wenig Salzwasser in 5–6 Min. weich garen. 200 g Asia-Nudeln nach Packungsangabe in Salzwasser al dente garen. 1 Bund Frühlingszwiebeln putzen, waschen, in feine Ringe schneiden. Mit 300 g Joghurt, dem Saft von 1 Zitrone und 2 EL Currypaste verrühren, mit Salz und Pfeffer würzen. Abgetropfte Möhren unterrühren. Asia-Nudeln als Nest auf Tellern anrichten. Möhren und Sauce daraufgeben.

Currysuppe

Für 4 Hauptgerichte:

1 kleinen Kürbis schälen, von Fasern und Kernen befreien, fein würfeln. Kürbis und 1,2 l Brühe einmal aufkochen, dann 15 Min. köcheln lassen. Inzwischen 2 Birnen schälen, vom Kerngehäuse befreien, hacken, zugeben und kurz mitkochen. 150 g Schmant und 1–2 EL Currypaste zugeben, mit Salz und Pfeffer würzen. Mit dem Pürierstab pürieren und durch ein Haarsieb passieren. Eventuell mit Salz und Pfeffer nachwürzen.
TIPP: Für Gemüse die Kürbiswürfel 10 Min. in 200 ml Brühe dünsten, dann wie oben zubereiten und nicht pürieren.

Curry-Kartoffel-Püree

Für 4 Beilagen:

8 Kartoffeln schälen, halbieren, in wenig Salzwasser in 15 Min. weich garen. Abtropfen lassen und zerdrücken, mit 1–2 TL Currypaste, 4 EL oder mehr Milch und 2 EL Butter verrühren, eventuell noch salzen und pfeffern.

Rosenkohl mit Walnüssen

Für 4 Beilagen:

500 g Rosenkohl putzen, in wenig Salzwasser in 15 Min. weich garen. 2 Äpfel halbieren, entkernen und hacken. 4 EL Walnusskerne grob hacken. Abgetropften Rosenkohl mit 1–2 TL Currypaste, Äpfel, Walnüssen und 3 EL Schmant in einem Topf erwärmen, eventuell salzen, pfeffern.

Rote-Bete-Curry

Für 4 Vorspeisen:

1 Päckchen gegarte Rote Bete würfeln. Frische Rote Beten waschen, in Alufolie wickeln und im vorgeheizten Ofen bei 180° in 30 Min. garen. Dann schälen und würfeln (dabei mit Küchenhandschuhen arbeiten). 1 Knoblauchzehe schälen, fein hacken. 1 Bund Frühlingszwiebeln putzen, waschen, in Röllchen schneiden. 2 EL Öl in einer Pfanne erhitzen, Knoblauch darin 2 Min. anbraten. Frühlingszwiebelröllchen und Rote Bete zugeben, kurz anbraten, salzen und pfeffern. 300 g Joghurt unterrühren und abgedeckt 5 Min. köcheln lassen. Mit 1 Msp. oder mehr Kreuzkümmel würzen.
TIPP: Schmeckt lecker zu Fladenbrot oder Tortillas. Für die Fleischsauce als Ergänzung 250 g Hackfleisch zusammen mit der Knoblauchzehe anbraten, dann wie oben. Eventuell mit mehr Kreuzkümmel würzen.

Ingwer-Honig-Tee

Für 1 Portion:

1 EL geriebenen Ingwer und 1 EL Honig mit 1 Tasse heißem Wasser überbrühen, 2 Min. ziehen lassen.

Möhren-Ingwer-Suppe

Für 4 Vorspeisen:

1 Bund Möhren schälen, fein hacken und in 800 ml Brühe in 8–10 Min. weich garen. 2 EL geriebenen Ingwer unterrühren, fein pürieren, eventuell durch ein Haarsieb passieren, mit Salz und Pfeffer würzen. Mit einem Klecks Joghurt servieren.

Scharfer Ingwer-Dip

Für 1 Tasse:

1 EL geriebenen Ingwer mit 2 EL Sojasauce, dem Saft von 1 Zitrone, 1 TL Zucker, etwas Schärfe und 2 TL Schnittlauchrölllchen oder gehackter Petersilie verrühren, eventuell leicht salzen und pfeffern.

Würzige Geflügelstreifen

Je nach Beilage für 4 Vorspeisen oder Hauptgerichte:

600 g Hähnchen- oder Putenfleisch kalt abspülen, trocken tupfen, in feine Streifen schneiden, in 3 EL Öl von allen Seiten knusprig braun braten. Aus 2 EL geriebenem Ingwer, 2–3 EL Sojasauce und 1 EL Honig eine Marinade zubereiten, unter das Fleisch rühren. Eventuell noch salzen und pfeffern.

Ingwerschokolade

Für 1 Tafel:

1 Tafel Schokolade mit 2 EL geriebenem Ingwer über dem Wasserbad schmelzen lassen, verrühren. Die Masse auf Backpapier ausstreichen, mit 3 EL gehackten Nüssen bestreuen und in 2 Std. bei Zimmertemperatur fest werden lassen.

Obstsalat mit Ingwerdressing

Für 4 Desserts:

2 EL geriebenen Ingwer mit 2 EL Zucker in 100 ml Wasser in einem Töpfchen erhitzen und rühren, bis sich der Zucker löst, dann beiseitestellen. Obst nach Wunsch in mundgerechte Stücke schneiden, in eine Schüssel geben. Ingwerdressing abseihen, über das Obst gießen und verrühren.

Fischfilet mit glasierten Möhren

Für 5–6 Vorspeisen:

600 g Fischfilet kalt abspülen, trocken tupfen, salzen. 1 Bund Möhren schälen, fein hacken. 1 EL Öl erhitzen, Möhren darin mit 100 ml Wasser, 2 EL Sojasauce, 1 EL geriebenem Ingwer und 1 EL Honig bei mittlerer Hitze in 10 Min. glasieren. Fisch in 2 EL Öl von beiden Seiten 4 Min. braten. Mit den Möhren auf Tellern anrichten.

Joghurt-Knoblauch-Sauce

Für 1 Portion:

1 TL geschälte Knoblauchzehen mit 1 EL Salz zermusen, mit 200 g Joghurt verrühren und mit Pfeffer und etwas Schärfe würzen.

Zitronen-Knoblauch-Baguette

Für 1 Brot:

1 Baguette im Abstand von 3 cm diagonal 3 cm tief einschneiden. 100 g Butter mit 1 EL geriebenem Knoblauch, 4 EL Reibekäse, dem Saft von 1 Zitrone und Salz und Pfeffer verrühren, in die Einschnitte streichen. Das Baguette in Alufolie wickeln, im vorgeheizten Ofen bei 200° in etwa 15 Min. knusprig backen. Auf dem Grill nach 10 Min. den Gargrad überprüfen.

Warmes Knoblauchöl

Für ½ Tasse:

4 Sardellen in 100 ml Olivenöl erwärmen, zerdrücken, mit 1 EL fein gehacktem Knoblauch, dem Saft von 1 Zitrone und Pfeffer verrühren, eventuell mit Salz würzen.

Rezepte

Aioli

Pro Portion:

3 Knoblauchzehen schälen, hacken, mit 1 EL Salz bestreuen und zerdrücken. 2 Eigelbe und den Saft von 1 Zitrone mit dem Knoblauchmus im Mixer oder mit dem Pürierstab mixen. Bei laufendem Motor 200 ml Olivenöl in einem dünnen Strahl angießen und schlagen, bis die Masse cremig wird. Aioli mit 1 EL Senf und eventuell Salz würzen. Wenn die Sauce nicht cremig genug ist, noch 1 Eigelb mit dem Pürierstab untermixen.
TIPP: Schmeckt zu Fleischgerichten, als Dip für Gemüse, als Brotaufstrich, in der Fischsuppe. Die Menge reicht für 2 Dips, 2 Brotaufstriche oder als Aromat für 10–12 Gerichte.

Gekräuterte Ofenkartoffeln

Für 4 Beilagen:

6 Kartoffeln schälen, in Schnitze teilen, auf ein mit Backpapier belegtes Backblech verteilen. Aus 3 EL Olivenöl, 1 EL gehacktem Knoblauch und 2–4 TL Salz ein Dressing zubereiten und über die Kartoffelschnitze träufeln. 3 Zweige Rosmarin zwischen die Kartoffeln stecken; oder 3 EL fein gehackten Rosmarin mit dem Öl verrühren. Im vorgeheizten Ofen bei 180° etwa 30 Min. backen.

TIPP: Den Ofen nach der Backzeit ausschalten. Den Saft von 1 Zitrone und 1 TL Zimtpulver verrühren und unter die Kartofeln rühren, im ausgeschalteten Ofen 5 Min. nachgaren lassen.

Garnelen in würzigem Dressing

Für 4 Vorspeisen:

8 küchenfertige TK-Garnelen unter kaltem Wasser abspülen, trocken tupfen. 3 EL Butter bei mittlerer Hitze zerlassen, ½–1 EL geriebenen Knoblauch unterrühren, Garnelen darin von beiden Seiten in 3–4 Min. garen. 4 EL gehackte Petersilie und den Saft von 1 Zitrone unter die Garnelen rühren, mit Salz und Pfeffer würzen.

Tomatensuppe mit Meerrettichcreme

Für 2 Vorspeisen:

1 kleine Zwiebel schälen, fein würfeln, in 2 EL Öl in 5 Min. glasig dünsten. 1 kleine Dose Tomaten unterrühren, salzen und pfeffern, aufkochen und 5 Min. köcheln lassen. Inzwischen 100 g Joghurt oder 60 g Schmant mit 1–2 TL geriebenem Meerrettich, Salz und Pfeffer verrühren. Suppe in tiefe Teller füllen, mit einem Klecks Meerrettichcreme servieren.

Meerrettich-Dip

Für 1 Tasse:

250 g Joghurt mit 3 EL gehackten Dillspitzen, 1 EL Meerrettich, etwas Schärfe, Salz und Pfeffer verrühren.

Würzige Meerrettichcreme

Für 3 Mini-Sandwiches:

100 g Schmant mit 1 EL Meerrettich verrühren. 1 kleine Zwiebel schälen, fein hacken. Mit 1 EL gehackten Kapern, 1 EL Mayonnaise und 1 TL Essig unterrühren. Mit Salz und Pfeffer kräftig würzen.

Putenfleisch in Joghurtsauce

Für 2 Vorspeisen:

250 g Putenfleisch kalt abspülen, trocken tupfen, in feine Streifen schneiden, salzen und pfeffern. In 2 EL Öl bei mittlerer Hitze in 10 Min. vollständig durchgaren. 200 g Joghurt mit 1 EL Meerrettich verrühren, unter das Fleisch rühren, eventuell mit Salz und Pfeffer nachwürzen. Mit 3 EL gehackten Walnüssen bestreut servieren.

Kokosmilch-Reis

Für 2 Beilagen:

100 g Reis nach Packungsangabe in Salzwasser weich garen. Abtropfen lassen, mit

1 Döschen (165 ml) Kokosmilch verrühren, salzen und pfeffern. 4 EL gehackte Walnüsse oder Mandeln unterrühren.

Kokosbananen

Für 4 Desserts:

2 reife Bananen schälen, in fingerdicke Scheiben schneiden. ½ kleine Dose Kokosmilch erwärmen, Bananen und 2 EL Zucker zugeben und 3 Min. köcheln lassen. Auf Dessertteller verteilen und mit ½ TL Zimtpulver bestreut servieren.

Tomatensuppe mit Kokosmilch

Für 4 Vorspeisen:

100 g Reis nach Packungsangabe in Salzwasser weich garen. Inzwischen 1 Zwiebel schälen, fein würfeln, in 3 EL Öl glasig dünsten. 1 große Dose Tomaten und 3 EL Kokosmilch zugießen, mit Salz, Pfeffer und etwas Schärfe würzen, einmal aufkochen und abgedeckt 10 Min. köcheln lassen. Reis unterrühren, eventuell noch salzen und pfeffern.

Paprikasüppchen mit Kokosmilch

Für 4 kleine Vorspeisen:

2 Paprikaschoten halbieren, putzen, waschen und in Streifen schneiden. 1 Zwiebel schälen, fein hacken. 2 EL Öl in einer Pfanne erhitzen, Paprikaschoten darin bei mittlerer Hitze 5 Min. dünsten. Zwiebel zugeben und in 5 Min. glasig dünsten. 400 ml Brühe zugießen, einmal aufkochen und abgedeckt 10 Min. köcheln lassen. ½ kleine Dose Kokosmilch zugießen, salzen und pfeffern. Mit dem Pürierstab pürieren, das Süppchen durch ein Sieb passieren. Heiß oder lauwarm servieren.

Kürbis-Lasagne

Für 4 Vorspeisen:

500 g Kürbis schälen, würfeln, in wenig Salzwasser weich garen, dann abtropfen lassen. Inzwischen 4 Lasagneblätter nach Packungsangabe einweichen. 250 ml Milch erwärmen. 1–2 EL Mehl in wenig kaltem Wasser glatt rühren, mit 4 EL Kokosmilch unter die Milch gießen und kurz köcheln lassen. Die Sauce kräftig mit Salz, Pfeffer und Macisblüte würzen. Eine Auflaufform mit 1 EL Öl einstreichen, 1 EL Sauce in die Form geben, darauf 1 Teigplatte legen, ein Viertel von dem Kürbis daraufgeben. Sauce, Lasagneblatt und Kürbis so oft einschichten, bis alles verbraucht ist, die oberste Schicht sollte Sauce sein. Abgedeckt im vorgeheizten Ofen bei 200° etwa 40–50 Min. backen.

Mangochutney-Dip

Für 1 Tasse:

250 g Joghurt mit 2 EL Mangochutney, 2 EL gehackter Minze oder Petersilie, Salz und Pfeffer verrühren.
TIPP: Für einen cremigen Dip Joghurt und Chutney erst mit dem Pürierstab zermusen.

Linsen mit Mangochutney

Für 4 Beilagen:

150 g Linsen nach Wunsch in 400 ml Brühe nach Packungsangabe weich garen. 2 EL Mangochutney und 4 EL Frühlingszwiebelröllchen unterziehen, kräftig salzen und pfeffern, eventuell mit etwas Essig abschmecken.

Lammkotelett in fruchtiger Sauce

Für 4 Hauptgerichte:

1 Gemüsezwiebel schälen, in feine Ringe schneiden. 3 EL Öl erhitzen, Zwiebel darin bei mittlerer Hitze glasig dünsten, etwas exotisches Aroma zugeben, dann aus der Pfanne heben. 4 Lammkoteletts waschen, trocken tupfen, in der Pfanne in 2 EL Öl von beiden Seiten 3–5 Min. braten. 2 EL Mangochutney unterrühren. Zwiebelringe auf Teller verteilen, Lammkoteletts mit Mangochutneysauce darauf anrichten.

Rezepte

Sandwich mit Chilimayonnaise

Für 1 Sandwich:

1 Brötchen oder 2 Scheiben Brot toasten. 1 Chilischote halbieren, putzen, waschen, hacken, mit 1 TL Salz, 2 EL Mayonnaise und etwas Pfeffer verrühren. Lauwarme Brötchenhälften oder Brot damit bestreichen, mit 100 g gekochtem Schinken belegen. Obere Brötchenhälfte oder zweite Brotscheibe obendrauf legen, zusammendrücken und halbieren.

Tatarsauce

Für 8 Saucenbeilagen:

4 Eier in 10–12 Min. hart kochen, abschrecken, pellen und fein hacken. 1 Gewürzgurke fein hacken. Eier und Gurke mit 1 EL fein gehackten Kapern, 1 TL Dijonsenf, 3 EL gehackter Petersilie oder Estragon und 4 EL Mayonnaise verrühren. Eventuell mit Salz und Pfeffer würzen.

Gurken-Dip

Für 1 Tasse:

1 Salatgurke schälen, fein hacken, salzen und im Sieb 10 Min. abtropfen lassen. Mit 2 EL Mayonnaise, 2 EL Schmant, 1–2 EL Dillspitzen und Pfeffer verrühren.

Gefüllter Camembert

Für 4 Vorspeisen zu Salat:

2 EL getrocknete Pilze in 1 EL heißem Wasser und 2 EL Cognac, Sojasauce oder Brühe 10 Min. einweichen. Inzwischen 1 Camembert quer halbieren. Pilze ausdrücken, leicht pfeffern, auf der Schnittfläche der Hälften verteilen. Die Hälften zusammendrücken, in Frischhaltefolie wickeln und im Kühlschrank 1 Std. ziehen lassen. Zum Servieren vierteln.

Reis-Pilz-Pfanne

Für 4 Hauptgerichte:

2 EL getrocknete Pilze in 4 EL heißem Wasser einweichen. Inzwischen 200 g Reis nach Packungsangabe in Salzwasser weich garen. 1 kg Lauch putzen, waschen, in dünne Streifen schneiden. 1 Zwiebel schälen, fein würfeln. 3 EL Öl erhitzen, Zwiebel darin in 5 Min. glasig dünsten. Lauch und abgetropfte, eventuell zerkleinerte Pilze unterrühren, salzen, pfeffern und in 5–8 Min. weich garen. Reis abtropfen lassen, unterrühren, mit etwas Schärfe würzen. Eventuell salzen und pfeffern.

Omelett mit cremiger Pilzfüllung

Für 2 Vorspeisen:

2 EL getrocknete Pilze in 2 EL Cognac oder Brühe und 1 EL heißem Wasser 10 Min. einweichen. Inzwischen 6 Eier verschlagen, mit Salz und Pfeffer würzen. 3 EL Butter in einer Pfanne braun werden lassen, die Eier angießen, Hitze zurückdrehen. Pilze abtropfen lassen, mit 50 g Sahne, ½ TL Thymian und etwas Einweichwasser verrühren und auf eine Omelettseite legen. Die andere Hälfte mit einem Pfannenheber darüberklappen. Omelett abgedeckt bei kleiner Hitze in 5 Min. stocken lassen, bis es außen trocken und innen noch leicht feucht ist.

Pasta in Pilz-Spinat-Sauce

Für 4 Hauptgerichte oder 8 reichhaltige Vorspeisen:

500 g lange Pasta nach Packungsangabe in Salzwasser al dente garen. 800 g frischen Spinat putzen, zweimal waschen. Frischen oder 300 g TK-Spinat ohne weitere Wasserzugabe mit Salz und Pfeffer garen. 2 EL getrocknete Pilze zugeben, 2 Min. mitgaren. 150 g Sahne angießen, gut unterrühren. Spinat mit einer Gabel oder Schere etwas zerkleinern, mit Muskat würzen. Pasta direkt aus dem Topf in die Sauce heben, unterziehen und heiß servieren.

Wachsweiche Eier auf Radicchio

Für 4 Vorspeisen:

4 Eier in 8 Min. wachsweich garen, abschrecken und pellen. Die Blätter von 1 kleinen Radicchio ablösen, waschen, trocken tupfen und in mundgerechte Stücke zupfen. Aus 4 EL Olivenöl, 1 EL Aceto balsamico, 2 EL geriebenen getrockneten Pilzen, Salz und Pfeffer ein Dressing zubereiten. Eier vierteln, auf dem Radicchio anrichten, mit Dressing beträufeln.

Tomatensalat mit Pesto

Für 4 Vorspeisen:

500 g Tomaten waschen, in feine Scheiben schneiden, auf einer Platte auslegen. Aus 2 EL Pesto, 2 EL Olivenöl, 1–2 TL Aceto balsamico, Salz und Pfeffer ein Dressing zubereiten und über den Salat träufeln.

Pesto-Sandwiches

Für 2 Portionen:

4–6 Scheiben Brot toasten. ½ kleines Glas Pesto mit 200 g Frischkäse verrühren, salzen und pfeffern. Brotscheiben damit bestreichen und mit 100 g gekochtem Schinken belegen. Jeweils 2 Brotscheiben zusammenklappen und servieren.

Gegrillte Zucchinischeiben

Für 4 Vorspeisen:

2 Zucchini waschen, putzen, längs in 3–4 Scheiben schneiden. Zucchinischeiben mit 1 TL Öl bestreichen, von beiden Seiten auf/unter dem heißen Grill in 2–5 Min. braun grillen. Inzwischen 1 Kugel Mozzarella in 6–8 Würfel schneiden. Die Würfel in 2 EL Pesto wälzen, auf die gegrillten Zucchinischeiben legen und die Scheiben aufrollen.

Pesto-Eier

Für 6 Imbisse:

6 Eier in 10–12 Min. hart kochen, abschrecken, pellen und halbieren. Eigelbe herauslösen und zerdrücken. ½ kleines Glas Pesto mit 3 EL Sahne verrühren. Eigelbe unterrühren, eventuell mit Salz und Pfeffer kräftig würzen. Die Füllung in die Eierhälften löffeln. Abgedeckt im Kühlschrank 1 Std. ziehen lassen.

Pesto-Reis-Salat

Für 4 Vorspeisen:

150 g Reis nach Packungsangabe in Salzwasser weich garen. Inzwischen 2 Zucchini waschen, putzen und raspeln. Mit ½ kleinen Glas Pesto und 5 EL Schmant verrühren. 1 Paprikaschote halbieren, putzen, waschen, fein würfeln. 2 EL Reiswasser unter die Zucchiniraspel rühren. Reis in eine Schüssel geben, Zucchiniraspel und Paprikawürfel unterziehen, salzen und pfeffern.

Pesto-Tomaten

Für 4 Vorspeisen oder 2 sommerliche Hauptgerichte:

4 Tomaten waschen, jeweils einen Deckel abschneiden. Tomaten mit einem Löffel aushöhlen. Für die Füllung 250 g Hüttenkäse oder 150 g Frischkäse mit ½ kleinen Glas Pesto, Salz und Pfeffer verrühren. Die Tomaten damit füllen. 2 EL Pinienkerne in einer Pfanne ohne Fett bei kleiner Hitze goldbraun rösten, darüberstreuen. Mit Deckel servieren.

TIPP: Für einen Tomatensalat die Tomaten vierteln und mit der Pestomasse mischen und mit Pinienkernen bestreuen.

Honig-Senf-Sauce

Für 1 kleine Tasse:

6 EL flüssigen Honig mit 3 EL Senf verrühren.

Rezepte

Salatdressing mit Senf

Für 150 ml Dressing:

100 ml Olivenöl mit 2–3 EL Essig, 1 EL Senf, reichlich Salz, wenig Pfeffer und 1 TL Zucker zu einem Dressing verschlagen. **TIPP:** Passt gut zu Friséesalat, Chicorée oder Feldsalat.

Senfbutter

Für 1 Tasse:

100 g Butter zerlassen, 2 EL oder mehr Senf unterrühren, salzen und pfeffern.

Sommergemüse mit Senfdressing

Für 4 Beilagen:

2 Zucchini waschen, putzen, in Scheiben schneiden. 4 Tomaten waschen, in Scheiben schneiden. Beides in eine ofenfeste Form schichten, salzen, pfeffern, mit 2 EL Olivenöl beträufeln. Im vorgeheizten Ofen bei 180º 10 Min. backen. 2 EL Olivenöl mit dem Saft von 1 Zitrone, 1–2 EL Senf, 1 EL Zucker, Salz und Pfeffer verrühren. Unter das heiße Gemüse rühren.

Kotelett mit Senfkruste

Für 4 Hauptgerichte:

4 Schweine- oder Lammkoteletts kalt abspülen, trocken tupfen. 1 Knoblauchze-

he schälen, durchpressen, mit 3 EL Senf, 3 EL Semmelbröseln, 3–4 EL gehackter Petersilie und Salz zu einer Paste verrühren, eventuell mit 1 EL Öl geschmeidiger machen. 2 EL Öl in einer beschichteten Pfanne erhitzen, Fleisch darin von einer Seite 6–8 Min. braten, dann wenden. Senfmischung auf die gebratene Seite streichen, abgedeckt weitere 6–8 Min. braten.

Kartoffel-Senf-Gratin

Für 2 Hauptgerichte oder 4–5 Beilagen:

1 Zwiebel schälen, fein hacken. 6 Kartoffeln schälen, in feine Scheiben schneiden und mit der Zwiebel in eine eingefettete Auflaufform geben. 200 g Sahne mit 2 EL Senf verrühren, kräftig salzen und pfeffern und darübergießen. Gratin mit 100 g Reibekäse bestreuen. Im vorgeheizten Ofen bei 180º etwa 50 Min. backen, im ausgeschalteten Ofen noch 10 Min. stehen lassen.

Tomaten-Dip

Für 1 Tasse:

5–7 getrocknete Tomaten hacken, unter 250 g Hüttenkäse rühren, salzen, pfeffern.

Frischkäse-Tomaten-Creme

Für 1 Tasse:

4 getrocknete Tomaten fein hacken. 1 Knoblauchzehe schälen, fein hacken. Beides mit etwas Schärfe, 3 EL gehacktem Basilikum und 200 g Frischkäse verrühren, salzen und pfeffern.

Gemüse-Crostini

Für 4 Vorspeisen:

2 Lauchstangen putzen, waschen, in Ringe schneiden, in wenig Salzwasser in 5 Min. garen. Oder 4 Stangen grünen Spargel waschen, holzige Enden abbrechen, Spargel in wenig Salzwasser in 5 Min. garen. 4 Scheiben Brot eventuell toasten. 2 EL Crème fraîche mit 4 EL fein gehackten getrockneten Tomaten verrühren, salzen, kräftig pfeffern. Crostini mit Creme bestreichen, Lauch oder Spargel darauflegen.

Tomatenrisotto

Für 4 Hauptgerichte oder 6–7 Vorspeisen:

3 EL Butter zerlassen. 250 g Risottoreis einrühren. 6–7 gehackte getrocknete Tomaten unterrühren. Nach und nach schöpfkellenweise 800–1000 ml Brühe angießen und unter häufigem Rühren verkochen lassen. 60 g Reibekäse unterrühren, salzen und pfeffern. Mit Basilikum-

blättern und eventuell 2 EL gehackten getrockneten Tomaten garniert servieren.

Linsengemüse italiana

Für 2 Vorspeisen oder 4 Beilagen:

100 g Linsen mit 250 ml Brühe aufkochen, dann zugedeckt in 25 Min. weich köcheln lassen. Inzwischen 1 Paprikaschote halbieren, putzen, waschen und fein würfeln. Mit 4 EL gehackten getrockneten Tomaten unter die Linsen ziehen, einige Min. mitgaren. 1–2 EL Olivenöl und 2 EL Aceto balsamico unter das Gemüse rühren, salzen und pfeffern.

Zwei-Tomaten-Tarte

Für 2 Vorspeisen oder leichte Hauptgerichte:

2 Platten TK-Blätterteig mit 1 Gabel gleichmäßig einstechen. 4 Tomaten waschen, fein hacken. 8 getrocknete Tomaten fein hacken. Beides mit je 1 EL Zucker, Aceto balsamico und Olivenöl verrühren. Tomatenmasse auf dem Blätterteig verteilen, dabei einen fingerbreiten Rand lassen. Im vorgeheizten Ofen auf dem Ofenboden bei 210° etwa 15. Min. backen, bis der Teig aufgegangen und knusprig ist.
TIPP: Anstelle von frischen Tomaten Dosentomaten verwenden. 1 kleine Dose Tomaten abgießen, Saft auffangen, mit

Salz und etwas Zucker einkochen lassen, als Tomatensugo (s. S. 143) verwenden.

Reispfanne mit Hähnchen

Für 4 Hauptgerichte:

200 g Reis nach Packungsangabe in Salzwasser weich garen. Inzwischen 600 g Hähnchenfleisch kalt abspülen, trocken tupfen, quer zur Faser in feine Streifen schneiden, in 3 EL Öl von allen Seiten in 8–10 Min. braun braten und durchgaren. Salzen und pfeffern. 3 EL oder mehr gehackte getrocknete Tomaten, 3 EL gehackte Petersilie und Reis unterrühren. Eventuell mit Salz und Pfeffer nachwürzen.

Eingelegtes

Salami-Crostini

Für 6 Crostini:

2 Artischockenherzen in Scheiben schneiden. 6 Scheiben Baguette toasten, mit 2 EL Butter bestreichen, mit 100 g Salami belegen. Die Artischocken darauflegen.

Artischockensalat mir Eiern

Für 2 Vorspeisen:

4 Eier in 9 Min. wachsweich garen. Inzwischen 2 Artischockenherzen in feine Strei-

fen schneiden, mit 4 EL gehackter Petersilie, 3 EL Schmant und 2 EL Olivenöl verrühren, salzen und pfeffern. Auf Tellern anrichten. Eier pellen, vierteln und daraufsetzen, mit Salz und Pfeffer bestreuen.

Couscous mit Artischocken

Für 4 Vorspeisen:

150 g Instant-Couscous mit 200 ml heißem Wasser überbrühen, 10 Min. quellen lassen. 2 oder mehr Artischockenherzen in feine Scheiben schneiden. Den Saft von 1 Zitrone unter den Couscous rühren, eventuell noch etwas heißes Wasser zugießen. 4 Tomaten waschen, fein hacken und mit Artischockenscheiben unter den Couscous rühren. Mit Salz und Pfeffer würzen.

Gewürzgurkendressing

Für 1 Tasse:

3 EL Gewürzgurkenlake mit 1 Glas Weißwein in einem Töpfchen bei mittlerer Hitze auf die Hälfte einkochen lassen, beiseitestellen. 3 EL Schmant, 4 gehackte Gewürzgurken und 2 EL gehackte Kräuter (Estragon nur 1 EL) unterrühren, das Dressing kräftig salzen und pfeffern.

Rezepte

Tomaten-Gurken-Sandwich

Für 1 sättigenden Imbiss:

2 Scheiben Brot mit 2 EL Butter bestreichen. 2 Tomaten waschen, in Scheiben schneiden. 2 Gewürzgurken fein hacken. Beides auf 1 Scheibe Brot geben, salzen und pfeffern, mit 6 Scheiben Schnittkäse belegen. Die zweite Brotscheibe obendrauf legen.

Weißkohl-Möhren-Salat

Für 5–6 Beilagen:

1 Weißkohl vom Strunk und äußeren Blättern befreien und fein raspeln. 1 Bund Möhren putzen, schälen, fein raspeln. Aus 4 EL Öl, 2 EL Essig, 1–1 ½ EL Senf, Salz und Pfeffer eine Marinade zubereiten, unter den Salat rühren. 4 Gewürzgurken fein hacken, mit 3 EL Schnittlauchröllchen unter den Salat rühren.

Kartoffel-Radieschen-Salat

Für 4 Beilagen oder 2 Hauptgerichte:

6 Kartoffeln mit Schale in Salzwasser in 20 Min. weich garen. Inzwischen 1 Bund Radieschen putzen, waschen, in Scheiben schneiden. 3 Gewürzgurken fein würfeln, mit 3 EL Öl, 1 EL Essig, Salz und Pfeffer zu einer Marinade verrühren. Kartoffeln pellen und in Stücke schneiden. Die Marinade unterrühren, mit Radieschen und 3 EL Schnittlauchröllchen garnieren.

Kapernpesto

Für 1 Tasse:

3 Eier in 10–12 Min. hart kochen, kalt abschrecken, pellen, fein hacken. 1 Knoblauchzehe schälen, fein hacken. Mit 4 EL gehackter Petersilie, 2 EL gehackten Kapern und Eiern verrühren, salzen und pfeffern. Mit etwas Essig abschmecken.

Couscous-Kapern-Salat

Für 2 Vorspeisen:

1 EL Tomatenmark mit 200 ml heißem Wasser verrühren, 100 g Couscous darin in 10 Min. quellen lassen. Inzwischen 2 Tomaten waschen, hacken. Mit 2 EL gehackten Kapern, 2 EL Olivenöl, Salz und Pfeffer unter den Couscous rühren. Eventuell noch etwas heißes Wasser zugießen.

Pasta mit Zitronenkapern

Für 2 Vorspeisen:

100 g lange Pasta nach Packungsangabe in Salzwasser al dente garen. Inzwischen 3 EL Butter in einem Pfännchen zerlassen, den Saft von 1 Zitrone und 2 EL oder mehr Kapern unterrühren, salzen und pfeffern.

Pasta direkt aus dem Topf in die Sauce heben, gut durchrühren, gleich servieren.

Lachstatar

Für 4 Vorspeisen:

4 Scheiben Räucherlachs würfeln, in eine Schüssel geben. 2 EL Kapern hacken, mit 4 EL Frühlingszwiebelröllchen unter den Lachs rühren. Aus 2 EL Olivenöl, 1 EL Aceto balsamico oder dem Saft von 1 Zitrone, wenig Salz und Pfeffer ein Dressing zubereiten und unter den Lachs ziehen.

Pasta mit Thunfisch und Kapern

Für 4 Hauptgerichte:

500 g kurze Pasta nach Packungsangabe in Salzwasser al dente garen. 1 große Dose Thunfisch zerpflücken, mit 3 EL gehackten Kapern, 3 EL oder mehr gehackten Oliven und 1 Glas Tomatensauce verrühren, kräftig salzen und pfeffern. Pasta direkt aus dem Topf in die Tomatensauce heben, unterrühren und gleich servieren.

Herzhaftes Käsesandwich

Für 1 Sandwich:

2 Scheiben Brot mit Butter bestreichen. Mit 4 EL Mixed Pickles und mit 100 g Schnittkäse belegen. Die Brotscheiben zusammenklappen.

Schinkensandwich

Für 1 Sandwich:

1 Scheibe Brot mit 2 EL Mixed Pickles und 100 g gekochtem Schinken belegen.

Thunfischsalat

Für 4 Vorspeisen:

3 EL Mixed Pickles mit 2 EL Mayonnaise und 1 Dose Thunfisch verrühren, kräftig mit Salz und Pfeffer würzen. Auf frischem Baguette oder Toastbrot servieren.
TIPP: Grüner Salat schmeckt lecker dazu.

Geflügelsalat

Für 4 Vorspeisen:

400 g Putenfleisch kalt abspülen, trocken tupfen, quer zur Faser in dünne Scheiben schneiden, salzen und pfeffern. 3 EL Öl erhitzen, Fleisch darin bei mittlerer Hitze in 10 Min. durchgaren. Inzwischen 1 kleines Bund Staudensellerie von den holzigen, äußeren Stangen befreien, übrige Stangen putzen, waschen, fein würfeln, in eine Schüssel geben. 3 EL Joghurt mit 1 EL Ketchup, 3 EL Mixed Pickles, Salz und Pfeffer verrühren, Fleischsaft aus der Pfanne unterrühren. Putenfleisch und Staudensellerie mischen, Joghurt-Dressing zugeben. Alles gut verrühren, bei Zimmertemperatur 10 Min. ziehen lassen.

Oliven-Mandel-Paste

Für 1 kleine Tasse:

1 Knoblauchzehe schälen, fein hacken. Mit 2 EL gehackten Oliven, 3 EL gehackten Mandeln, dem Saft von 1 Zitrone, Salz und Pfeffer verrühren.

Salat mit Oliven-Paprika-Würfeln

Für 4 Vorspeisen:

1 Kopf Salat (z. B. Romana) waschen, putzen, in mundgerechte Stücke teilen, in eine Schüssel geben. 2 Paprikaschoten halbieren, putzen, waschen, fein würfeln. Mit 2 EL gewürfelten Oliven und etwas Salz verrühren. Aus 3 EL Olivenöl, 1 EL Essig, Salz und Pfeffer ein Dressing zubereiten und über den Salat gießen. Mit Oliven-Paprika-Würfeln garnieren.

Gemüsesalat

Für 4 Vorspeisen:

1 Staudensellerie von den äußeren harten Stangen befreien, die inneren Stangen putzen, waschen, fein hacken. 2 Paprikaschoten (rote oder gelbe), halbieren, putzen, waschen, ebenfalls hacken. 1 Avocado halbieren, den Stein entfernen, die Hälften schälen und in der gleichen Größe wie Sellerie und Paprikaschoten hacken, mit dem Saft von 1 Zitrone beträufeln.

Gemüse mischen. Aus 3 EL Olivenöl, 1 EL Essig, Salz und Pfeffer ein Dressing zubereiten, 3 EL gehackte Oliven unterrühren. Das Dressing über das Gemüse träufeln.

Tapenade

Pro Portion:

3 EL entsteinte Oliven, 1 Dose Thunfisch, 2–4 Anchovisfilets, 2 EL Kapern und Saft von 1 Zitrone mit dem Pürierstab pürieren, eventuell mit Salz und Pfeffer würzen.
TIPPS: Tapenade ist sehr geschmacksintensiv. Deshalb reicht diese kleine Portion sicherlich für 8 Canapés. Wer möchte, kann noch 1 Schnapsglas Brandy oder Whisky untermixen.

Fladenbrot mit Oliven

Pro Portion:

1 Kugel Mozzarella mit einer großen Reibe reiben oder würfeln. 1 Stück Fladenbrot quer aufschneiden, mit 2 EL Pesto bestreichen und mit 2 EL Olivenöl beträufeln. Mit 3 EL gehackten Oliven und Mozzarella bestreuen und im vorgeheizten Ofen bei 200° etwa 5–8 Min. überbacken.

Rezepte

Lauwarmer Sommersalat

Für 2 Vorspeisen:

250 g grüne Bohnen putzen, in Salzwasser in 8–10 Min. garen. Inzwischen aus 4 Tomaten ein Konkassee zubereiten: Dafür die Tomaten mit kochendem Wasser überbrühen, häuten, halbieren, entkernen. Fruchtfleisch fein zu einem Konkassee hacken. Aus 3 EL Olivenöl, 1 EL Aceto balsamico, Salz und Pfeffer ein Dressing zubereiten. Bohnen und Tomaten auf einer Platte anrichten, mit 3 EL gehackten Oliven bestreuen, mit Dressing beträufeln.

Olivenbrot

Für 1 Brot:

1 Tütchen Hefe mit 200 ml lauwarmem Wasser, 1 EL Honig oder Zucker verrühren und 15 Min. ruhen lassen, bis die Hefe aktiv wird und Blasen wirft. 400 g Mehl und 2 EL Olivenöl unterrühren. Abgedeckt an einem warmen Ort in 1 Std. auf das Doppelte aufgehen lassen. Den Teig kneten, bis er eine glatte Konsistenz hat, eventuell noch Mehl unterkneten. In eine mit Backpapier ausgelegte mittelgroße Kastenform geben, mit 2 EL Salz und 2 EL gehackten Oliven bestreuen, abgedeckt 1 Std. gehen lassen, dann im vorgeheizten Ofen bei 190° etwa 30 Min. backen.

Käsetarte

Für 4 Vorspeisen oder 2 Hauptgerichte:

160 g Mehl mit 80 g Butter, 1 Ei und 1 TL Salz zu einem Mürbeteig verkneten. In Frischhaltefolie wickeln und im Kühlschrank 30 Min. ruhen lassen. Inzwischen 3 EL oder mehr Oliven entsteinen, hacken. Mit 100 g Reibekäse, 3 Eiern, 200 g Crème fraîche verrühren, kräftig salzen und pfeffern. Teig ausrollen, in eine Tarteform einpassen, gleichmäßig mit einer Gabel einstechen. Füllung darauf verteilen. Tarte im vorgeheizten Ofen auf dem Ofenboden bei 190° etwa 20 Min. backen, dann noch 10 Min. auf der Mittelschiene fest werden und Farbe annehmen lassen. **TIPP:** Schmeckt warm, lauwarm oder kalt. Fein zu Salat. Oder als Fingerfood für die Party, dann die Tarte in einer viereckigen Form backen und in ca. 20 Häppchen schneiden.

Fisch in Tomatensauce

Für 4 Vorspeisen oder 2 Hauptgerichte:

500 g Tomaten waschen, in dünne Scheiben schneiden. 1 Bund Basilikum waschen. 3 EL Olivenöl in einer Pfanne erhitzen, Tomaten darin mit Salz, Pfeffer, 3 EL oder mehr gehackten Oliven und dem Bund Basilikum im Ganzen 5 Min. schmoren lassen. Inzwischen 400 g Fischfilets nach Wahl kalt abspülen, trocken tupfen, salzen. Fisch in mundgerechte Stücke teilen, Basilikum entfernen. Fisch in die Tomatensauce geben, abgedeckt bei kleiner Hitze in 5–8 Min. gar ziehen lassen.

Perlzwiebel-Relish

Für 1 kleine Tasse:

3 EL Perlzwiebeln mit 3 EL Aceto balsamico, 1 EL Zucker und Pfeffer in einem Töpfchen bei kleiner Hitze eindampfen lassen. Mit Salz würzen.

Perlzwiebelconfit

Pro Portion:

2 EL Perlzwiebeln mit 1 EL Rosinen, 1 EL Cognac oder den Saft von 1 Orange, 1 EL Öl und ½ TL Thymian bei kleiner Hitze 15 Min. köcheln lassen. Eventuell mit 1 TL Essig und Pfeffer würzen.

Französische Bratkartoffeln

Pro Portion:

3 Kartoffeln schälen, in dünne Scheiben schneiden, salzen und pfeffern. In 3 EL Gänseschmalz in 10 Min. braun braten, dann wenden, eventuell noch 1 EL Gänseschmalz dazugeben. 2 EL fein gehackte Perlzwiebeln unterziehen und 10 Min. braten, bis die Kartoffeln knusprig braun sind.

Senf-Zwiebel-Sauce

Für 1 Tasse:

200 ml Hühnerbrühe erhitzen. 2 EL Perlzwiebeln fein hacken, einrühren, bei kleiner Hitze einkochen lassen. 1 EL Mehl in wenig kaltem Wasser glatt rühren. Zusammen mit 2 EL Butter, 100 g Sahne und 2–3 EL Senf mit einem Schneebesen unterziehen und bei kleiner Hitze rühren, bis die Sauce dicklich wird. Mit Salz und Pfeffer würzen.

Sauerkraut-Relish

Pro Portion:

1 Paprikaschote halbieren, putzen, waschen, fein würfeln. 2 Stangen Staudensellerie putzen, waschen, würfeln. 1 kleine Chilischote, putzen, waschen, fein hacken. Alles mit 1 EL Öl unter 100 g Sauerkraut rühren, mit Salz und Pfeffer würzen.

Gegrilltes Schinkenbrot

Für 2 gehaltvolle Vorspeisen:

100 g Sauerkraut zerpflücken. 2 Scheiben Brot mit 1 EL Senf bestreichen und mit Sauerkraut belegen. Jeweils 100 g gekochten Schinken und Schnittkäse in dünnen Scheiben darauflegen. Den Käse unter dem Grill in 4 Min. schmelzen lassen. Mit edelsüßem Paprikapulver bestreuen.

Sauerkraut-Wurst-Pfanne

Für 2 Hauptgerichte:

6 Kartoffeln schälen, in wenig Salzwasser in 20 Min. garen. Inzwischen 100 g Salami oder Chorizo in Scheiben in 2 EL Öl in einer Pfanne bei kleiner Hitze kross braten, pfeffern, herausnehmen, 4 EL Sauerkraut in derselben Pfanne erwärmen. Salzkartoffeln abgießen, auf Tellern anrichten und halbieren. Sauerkraut und knusprige Wurstscheiben daraufgeben.

Ofenkartoffeln mit Sauerkraut

Für 2 Hauptgerichte:

2 große mehligkochende Kartoffeln waschen, nicht trocken tupfen, in Alufolie wickeln und im vorgeheizten Ofen bei 180° in 30 Min. weich garen. Inzwischen 200 g Sauerkraut abtropfen lassen, zerpflücken und mit 200 g Sahnequark verrühren, 1 EL rosenscharfes Paprikapulver und 4 EL fein gehackte Petersilie unterrühren, salzen und kräftig pfeffern. Ofenkartoffeln mit einer Gabel aufbrechen, mit Sauerkrautquark füllen. Heiß in der Alufolie servieren.

Sauerkrautbrot

Für 1 Brot:

1 Tütchen Hefe in 250 ml lauwarmer Milch mit 1 EL Honig auflösen. Wenn die Hefe aktiv wird und Blasen schlägt, 400 g Mehl zugeben und zu einem klebrigen Teig verarbeiten. Abgedeckt in 1 Std. auf das Doppelte aufgehen lassen. 100 g Sauerkraut mit einer Schere fein schneiden. Mit 100 g Mehl oder mehr unter den Teig rühren, 5 Min. kneten. Den Teig nochmals 1 Std. gehen lassen. Eine mittelgroße Kastenform mit Backpapier auskleiden. Den Teig in die Form geben, mit 1 EL Salz bestreuen und im vorgeheizten Ofen bei 190° etwa 30 Min. backen. Gartest machen: Mit den Fingerknöcheln auf die Unterseite des Brotes klopfen. Klingt es hohl, ist das Brot durchgebacken.

Die Autorin

Gabriele Gugetzer schreibt seit vielen Jahren Bücher, beispielsweise über ihre Lieblingsstadt London. Ihren Uniabschluss machte sie in Los Angeles. Dort begann sie auch mit dem Kochen. Heute liefert sie Rezepte für PETRA und STERN GESUND LEBEN, ist die Alibifrau beim reinen Männer-Kochportal www.kochmonster.de, erteilt ehrenamtliche Kochkurse für die Hamburger Tafel und geht auf Reisen, immer dorthin, wo es viel über das Essen zu schreiben gibt. Das nächste Abenteuer: Australien. Bei Gräfe und Unzer erschien bereits »Vorspeisen & Nachspeisen«.

Die Fotografin

Coco Lang arbeitet als Fotografin in ihrer Werkstatt am Münchner Viktualienmarkt. Sie hat schon einige bemerkenswerte Kochbücher bei GU gestaltet. Alle Fotos in diesem Quickfinder stammen von ihr und beweisen wieder einmal ihren Sinn für Klarheit, ihr Gespür fürs Wesentliche und ihr Auge fürs Detail.

Ein spezieller Dank

an Andrea Drinkmann, die den motivieren den Anstoß zu diesem Buch gab!

© 2009
GRÄFE UND UNZER VERLAG GmbH, München

Alle Rechte vorbehalten. Nachdruck, auch auszugsweise, sowie die Verbreitung durch Film, Funk, Fernsehen und Internet, durch fotomechanische Wiedergabe, Tonträger und Datenverarbeitungssysteme jeglicher Art nur mit schriftlicher Genehmigung des Verlages.

Programmleitung: Doris Schmalhofer-Birk
Leitende Redaktion: Birgit Rademacker
Konzept und Redaktion: Sabine Sälzer
Lektorat: Maryna Zimdars
Korrektorat: Mischa Gallé
Umschlaggestaltung und Innenlayout: independent Medien-Design, München, Martha Olesniewicz
Fotos: Coco Lang
Assistenz im Fotostudio: Tanja Kernweiss
Herstellung: Susanne Mühldorfer
Satz: Liebl Satz+Grafik, Emmering
Reproduktion: Longo AG, Bozen
Druck und Bindung: Graphicom Srl, Vicenza

Die GU-Homepage finden Sie unter www.gu-online.de.

ISBN 978-3-8338-1478-5
1. Auflage 2009

GRÄFE UND UNZER

Ein Unternehmen der
GANSKE VERLAGSGRUPPE

DAS ORIGINAL MIT GARANTIE
GU

Unsere Garantie

Alle Informationen in diesem Ratgeber sind sorgfältig und gewissenhaft geprüft. Sollte dennoch einmal ein Fehler enthalten sein, schicken Sie uns das Buch mit dem entsprechenden Hinweis an unseren Leserservice zurück. Wir tauschen Ihnen den GU-Ratgeber gegen einen anderen zum gleichen oder ähnlichen Thema um.

Liebe Leserin und lieber Leser,

wir freuen uns, dass Sie sich für ein GU-Buch entschieden haben. Mit Ihrem Kauf setzen Sie auf die Qualität, Kompetenz und Aktualität unserer Ratgeber. Dafür sagen wir Danke! Wir wollen als führender Ratgeberverlag noch besser werden. Daher ist uns Ihre Meinung wichtig. Bitte senden Sie uns Ihre Anregungen, Ihre Kritik oder Ihr Lob zu unseren Büchern. Haben Sie Fragen oder benötigen Sie weiteren Rat zum Thema? Wir freuen uns auf Ihre Nachricht!

Wir sind für Sie da!
Montag–Donnerstag: 8.00–18.00 Uhr;
Freitag: 8.00–16.00 Uhr
Tel.: 0180-5005054* *(0,14 €/Min. aus dem dt. Festnetz/
Fax: 0180-5012054* Mobilfunkpreise können abweichen.)
E-Mail: leserservice@graefe-und-unzer.de

P.S.: Wollen Sie noch mehr Aktuelles von GU wissen, dann abonnieren Sie doch unseren kostenlosen GU-Online-Newsletter und/oder unsere kostenlosen Kundenmagazine.

GRÄFE UND UNZER VERLAG
Leserservice | Postfach 86 03 13 | 81630 München